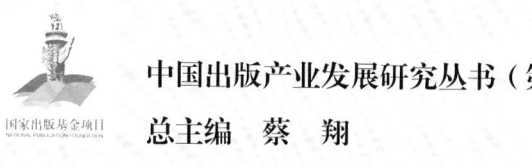

中国出版产业发展研究丛书（第一辑）

总主编 蔡 翔

当前出版企业转型问题研究

A Research on Transformation of Current Publishing Enterprises

陆 颖 著

中国传媒大学出版社

·北京·

序:改革是出版发展的唯一路径

中国传媒大学副校长　蔡翔

国家新闻出版广电总局近期发布了最新的产业分析报告。从"十二五"期间的产业数据看,我国出版业呈现出良性发展态势,且不乏亮点和拓展空间,再次增强了我们的士气和信心。"十二五"期间,图书出版营业收入大幅增长且年年增长,2015年达到822.6亿元,5年增幅达261亿元,增长了46.4%。传统出版与新兴出版的融合发展势头强劲,作为新业态的数字出版五年增长了318.7%,且每年增速超过30%,已成为增长最快的板块。出版业整体资本实力显著增强,据世界银行发布的资料,我国出版业投融资能力已稳居世界第一位,在跨国兼并中,中国已经成为第一大主力阵营。从以上这些分析我们不难看出,在中国的文化产业建设中,出版产业堪称中流砥柱。出版产业做不好,文化产业成为支柱产业就有可能成为空话;只有出版做强做大,文化才能真正强大起来。

我们亲历并紧密关注出版业发展,是出于产业思考,更是出于文化情怀。出版作为内容产业和文化事业,是人类知识积累和文化传承的重要力量,寄托了一代又一代文化人的理想和情怀。出版传承文化的本质不会随着时代更迭和技术变革而发生变化,其本质与产业化运营并不相悖,产业是出版的载体,产业化运营是出版更好发挥社会功用的引擎,这已经被过去十几年我们出版业翻天覆地的变化所验证,也是身处其间的我们真切感受到的。

2002年,党的十六大正式提出发展文化产业,十七届六中全会决定把文化产业发展成国民经济支柱型产业。我们的出版管理部门敏锐地捕捉到改革对于推动文化产业成为支柱产业的重大意义。以柳斌杰署长为代表的一代改革派,在其后的十年间,和支持者、同行者们一起,坚定地拉开了改革的序幕,推动了中国出版市场化的进程,有力地提升了文化产业在我国国民经济体系中的影响力、活跃度和话语权。

如今回首,从时间进程上看,这十年的中国出版体制改革具有渐进性特点,并表现出明显的阶段性。2003年,国家开展文化体制改革试点工作,出版体制改革拉开帷幕。2005年,随着中央《关于深化文化体制改革的若干意见》出台,出版体制改革工作全面展开,并按照区别对待、分类指导、循序渐进、逐步推开的原则,在出版全行业不断深化。改革不仅有路线图,更有时间表,始终有条不紊,稳扎稳打,取得一系列突破性成果。例如,国有经营性出版单位相继有序实现转企改制;又如,出版行业突破障碍开展跨地区、跨部门、跨行业并购重组,经此催生的大型出版集团和企业开始尝试上市融资,运用资本的力量不断提升市场地位……2009年,新闻出版总署《关于进一步推进新闻出版体制改革的指导意见》出台,增强了改革的攻坚力度,使改革总体上保持着积极稳妥、有效有序的态势。行至2011年"十二五"开局之时,全国581家图书出版单位除四家公益性出版社和部队出版单位外,地方、高校和各部委出版社基本完成转企改制任务,正式成为市场主体,走出与市场接轨的关键一步。到2012年十八大召开之际,原定十八大前完成的改革目标基本如期完成。

2002年至2012年间的改革成果丰硕,为中国出版业开拓了全新的局面。首先,改制帮助出版企业确立了市场主体地位,经营活力得以激发,出版生产力得到释放,全行业发展动力强劲,产业规模不断扩大。统计表明,2012年新闻出版业总产出达1.6万亿元,而作为改革试点起始年的2003年这一数据仅为3 000亿元,改革十年,产值提高了5.33倍。其次,改制推动了出版业的市场化进程,市场逐步成为配置出版资源的主要手段,出版业跨区域、跨媒体的资源整合不断深化,战略性重组所培育的大型出版传媒集团产业地位突出,竞争力越来越强。2011年年底前,全国已组建出版集团33家,其中不乏江苏凤凰出版传媒集团这样的百亿级产业航母。再次,改制使中国出版业探索资本化运营的勇气和信心不断增强,驾驭资本力量的手法也越来越娴熟。这一过程中,资本无孔不入地渗透到出版业各个角落,提升着中国出版业的活力。无论是上市融资,还是战略重组,资本越来越成为中国出版业得心应手的武器。而最后,最能激发中国出版人激情的是,改制使中国出版业开始放眼世界,坚定地迈步"走出去"。国际化是中国出版业未来发展战略的重要一环,是提升中国文化软实力的重要方向,事实上,这也是改革后产业强大带来的必然结果。

2012年是出版体制改革的一个分水岭。虽然中央确定的十八大前的改革任务至2012年年底业已完成,但改革并没有就此停步。党的十八大报告就文化领域发展提出了"促进文化和科技融合,发展新型文化业态,提高文化产业规模化、集约化、专业化水平"的新要求,中国出版业要实现这种优化升级,必须进一步深化改革,解放出版生产力。2002年至2012年仅走完改革的第一阶段,为我们出版业奠定了良好的发展基础,最大程度扫清了"拦路石",但束缚出版生产力的因素依然存在。改革进入"深水区",需要出版人以更大的信念、勇气和魄力破解深层次矛盾与问题。其时,我们抱以最大热情的出版业伴随改革进程也出现了一些不尽如人意之处,引发不少争议甚至非议,需要我们正本清源、继续前行。

所有的矛盾、问题、争议、非议,归结起来在这几个方面。其一,产业发展初期重规模轻质量的做法给我们出版行业带来很多泡沫,如在我相对熟悉的学术出版领域,推出了不少平庸之作乃至垃圾作品,引发整个学术共同体的不安。必须解决发展是追求规模还是追求质量的矛盾,质量优先的发展方式才是可持续的。其二,出版产业的市场竞争力还不够强。由于体制机制等各方面的限制,目前很多出版企业产权改革仍不到位,还没有真正成为市场主体。其三,我们的法律制度环境还不够完善,统一开放、竞争有序、健康繁荣的大市场体系还没有完全建成,致使产业资源配置难以进一步优化,出版业资本运营遭遇瓶颈。而最后也是最重要的是,中国出版在当今世界出版格局中仍"大而不强",我们现在的作品还不能进入具有世界影响力作品的行列,还不能用触及人类文明根本的话题引发世界的共鸣。在看到出版业天翻地覆的变化时,冷静审视这些客观存在的问题,继续拓展前行之路,是我们出版人的使命和义务。我们都有一个共识:改革是发展的根本动力,只有坚持改革,才能有发展;改革难免遇到问题和挑战,也正是改革让各种矛盾和问题愈加凸显,问题的背后往往潜藏着深刻的制度根源,而改革遭遇的问题恰恰只能通过深化改革、继续发展来解决。

改革是一代出版人的事业,只有置身于改革历程中的人,才能体味它所带来的诸般况味,有荣耀有光环,也有误解和遗憾。达成通过改革谋发展共识的"我们",是这十几年出版改革的亲历者,包括新闻出版总署、各出版传媒集团以及出版研究机构有远见的领导们,他们曾是出版改革的推动者,同时,也是深入思索出版的过去、现在和未来的专家和学者。"我们"也有着中坚一代的成员,积极参与了出版改革的进程,并且正在后改革时代,主持和推动着出版产业的优化升级。"我们"还有出版学界培养的大量年富力强、充满创造力的年轻学人。

出版就是这样一个产、学、研息息相关的行业,理论积极指导着行业实践,行业变迁不断修正着我们的理论,形成了有机、良性互动的生态。作为柳斌杰先生的弟子,我很荣幸在先生指引下,主持了中国传媒大学出版社的转企改制,并创立了中国传媒大学编辑出版研究中心,比较全面地参与到 2002 年至今的出版改革进程中。前者的市场化进程开启于 2002 年,后者则创立于 2004 年,十数年来,两者从不同角度见证了中国出版业的凤凰涅槃,自身也因侧身其间得以不断成长和壮大。某种程度上讲,我们的编辑出版研究中心,地处首都、背靠传媒,有效整合了政府、学界和业界的优势资源,已经成为中国出版人才培养和决策参考的一块高地。我们的导师团队,汇聚了近三十位充满改革意识和创新思维的新闻出版界元老、出版传媒集团新锐领导以及出版管理机构、科研院所的专家学者,他们和中心的硕士、博士、博士后一起,形成了学界、业界有效联动的学术和产业共同体。这个共同体,一直以客观辩证的眼光,对中国出版改革进行着系统总结、剖析与反思。

这套出版产业发展研究丛书是中心的阶段性成果,被推荐列为 2015 年度国家出版基金项目。原中国出版集团总裁,现任韬奋基金会理事长聂震宁先生在推荐语中称:当下的中国出版业机遇和危机共存,要实现从出版大国到出版强国的转变,需要探索具有中国特色的当代出版产业发展路径。"中国出版产业发展研究"项目直面深化出版体制改革、出版产业政策调整、当代出版文化等重大前沿问题,多视角、全方位地为中国出版产业发展提供理论支持和智力支持,具有重要的学术价值与现实价值。原中国新闻出版研究院院长,现任中国编辑学会会长郝振省先生也对丛书给予了积极的评价,认为丛书内容系统、全面,涵盖了出版产业政策、产业转型、投融资、技术创新、国际传播、数字出版、媒介融合、文化自觉、大学出版等热点问题,是一套具有完整意义的出版产业观察丛书;同时,丛书并不止于产业研究,更从文化的角度诠释了中国出版业对人类、对中国、对世界的意义。作为主编,我很欣慰地看到丛书的正式推出,也很感谢两位前辈的支持和推荐。我们中心将陆续推出丛书的第二辑,第三辑……不断跟进、记录并反思中国出版改革以及优化升级的进程,并以更为客观的视角和理性的积淀为此进程源源不断地贡献力量。目前第一辑的作者大多还是中心的博士或博士后,他们都很年轻,普遍缺乏行业的历练,看问题的辩证性还有所欠缺。但他们的优点也很明显,没有桎梏、思维活跃、有跨学科背景、有国际化视野,是我们出版和文化产业研究的新鲜力量。丛书中《当前出版企业转型问题研究》《出版传媒上市公司投融资研究》《中国出版产业政策研究:社会转型与价值观建构》《中国数字出版产业政策研究》等都是对中国出版体制改革的客观观察,其中不乏尖锐的批评;《媒介融合趋势下的出版变迁与转型》《自出版管理问题研究》《中国数字出版内容国际传播研究》《中文人文社会科学学术期刊评价体系研究》等都能在相对开阔、与国际出版市场和评价体系对接的语境中谈论中国问题;《论出版的文化自觉》《大学精神与大学出版:民国时期"学人办刊"研究》则史论结合,从出版本质、出版价值这些更为根本的视角,以史为鉴,对中国出版产业发展的走向提出一己之见。

我很珍视丛书体现出的朝气和活力,我们的出版产业也正需要以这种朝气和活力不断推陈出新,打好深化出版体制改革、融合发展、内容创新的攻坚战;按照十三五的规划,建成文化保护传承体系、文化公共服务体系、文化产业发展体系等"六大"体系。在此过程中,值得关注和深入分析的问题还很多,包括公共服务体系如何建构、融合发展如何真正落实、学术出版机制如何调整、社会化出版现象如何看待、出版传媒法制建设如何推进、资本市场如何突破体制壁垒,等等,"中国出版产业发展研究"丛书后续将陆续推出同人的思考。我期待丛书真正成为一个开放性平台,聚合起更多同行者的力量,为出版行业、为文化产业的发展提供更多的理论和思想动力。我们的出版产业改革一直"在路上",我们的研究和行业观察也会一直"在路上"。

目 录 Contents

绪 论 / 1

第 1 章 出版企业转型的动因和目标 / 20
第一节 出版企业转型的动因 / 21
第二节 出版企业转型的目标 / 30

第 2 章 出版企业转型过程中的主要问题和原因 / 36
第一节 透视出版产业发展现状:增长、滞胀和隐忧 / 37
第二节 当前出版企业存在的主要问题及原因 / 53

第 3 章 出版企业产权改革的深化:塑造市场主体 / 80
第一节 新制度经济学的企业理论 / 80
第二节 国有制企业与市场主体的内在矛盾及角色定位 / 83
第三节 从出版社的改革历程看出版企业产权改革的未来趋势 / 87
第四节 深化出版企业产权改革的思路设计 / 94

第 4 章　出版市场的完善：增强市场竞争　/ 119

　　第一节　新古典经济学的市场理论　/ 120

　　第二节　完善出版市场的措施　/ 122

第 5 章　出版行政管理制度的创新　/ 139

　　第一节　主办主管制度的改革　/ 140

　　第二节　审批制度的改革　/ 147

第 6 章　出版管理理念的调整　/ 153

　　第一节　思想繁荣与出版做强　/ 154

　　第二节　出版自由与思想繁荣　/ 158

　　第三节　对调整出版管理理念的思考　/ 165

结　论　/ 172

参考文献　/ 175

绪 论

一、题目界定

为了保证研究具有较严密的逻辑性,也为了让审阅者较准确地把握研究架构,有必要做出具体的界定。

第一,何谓"当前"?根据官方发布的消息,经营性出版单位于2010年年底全部完成了转企改制任务。而事实上,直到2013年年底,一些出版社才最终完成清产核资、核销事业编制、企业法人登记、人员身份转换等工作,挂牌为"××出版社(集团)有限责任公司"或"××出版社(集团)股份有限公司"。因此,本研究的"当前"是指出版社完成公司挂牌程序具有法人资格之后的阶段。此外,"当前"在本书中还有更深的内涵和更长的时间跨度。当我们分析出版社转企问题时,这一时间用语还会与改革开放后长达三十年之久的出版业发展历史发生联系。

第二,"出版企业"涵盖哪些出版类经济实体?直至2013年下半年正式写作之始,非时政类报刊单位的转企改制工作还处于进行时。鉴于研究对"当前"这一时间概念的具体限定,论文将以完成转企改制任务的图书出版企业为主要研究对象。但需要说明两点:一、媒介融合已经成为当前媒介产业的主流发展趋势,图书出版企业的经营活动不可能仅仅局限于图书领域,因此书中也会出现一些涉及报刊社的内容;二、虽然本书以国有出版企业为研究重点,但并不代表非国有出版企业被排除在研究视野之外。相反,本书认为,非国有出版企业是国有出版企业的一面镜子,是推动国有出版企业发展的新兴力量。

第三,什么是出版企业的"转型"?所谓转型,是指事物的结构形态、运转模型和人们观念的根本性转变过程。不同转型主体的状态及其与客观环境的适应程度,决定了转型内容和方向的多样性。企业转型是指企业长期经营方向、运营模式及其相应的组织形式、资源配置方式的整体性转变,是企业重塑竞争优势、提升社会价值,达到新的企业形态的过程。[1] 因此,转型主要包括制度转型和技术转型两层含义。现在出版业流行的"转型"概念主要是指技术转型,即出版企业从传统出版模式向"传统出版+数字出版"模式的转变。这一"转型"概念下的诸多迷茫和先行者的失败结果

---

[1] http://wiki.mbalib.com/wiki/%E4%BC%81%E4%B8%9A%E8%BD%AC%E5%9E%8B.

已经凸显出制度转型不到位对出版企业的负面影响。对于正在从计划经济走向市场经济的出版企业而言，其当前的转型重点不是出版技术的升级，而是踏踏实实地建立与市场机制相适应的组织形式和发展方式。在组织形式上，出版企业要通过股份制改造，建立现代企业制度，从名义法人实体转变为真正的市场竞争主体；在发展方式上，出版企业应由主要依赖行政垄断转向依赖市场竞争发展壮大。而恰恰是在重要的组织形式和发展方式上，出版企业还有不少计划经济的残余。这是渐进式出版体制改革的必然结果，也是其重要标志之一。因此，本书所指的"转型"依然侧重于制度层面的改革，而非技术层面的改造。

二、问题缘起

成为世界文化强国是中国经济发展到一定程度的理性诉求。在建设文化强国的目标下，中国文化形态和文化建设发生了巨大变动，前者由单一逐渐向多元转变，后者也由过去福利性的"文化事业"向市场型的"文化产业"和公共性的"文化事业"发展。其中，文化产业在整个国家文化建设中的地位与作用与日俱增，已经成为当今中国文化建设的重要主题之一。在文化产业发展的链条中，出版产业是不能缺失的关键一环。凡勃伦认为：现代文明的物质基础是工业体系，而使它活跃起来的主导力量是企业。[1] 出版产

---

[1] 〔美〕凡勃伦：《企业论》，蔡受百译，商务印书馆2012年版，第3页。

业的健康发展与产业组织单元——出版企业,是息息相关的。

与欧美出版强国相比,中国出版企业当前主要存在两个问题:一是现有出版企业基本是非完全市场化的。它们一方面努力与市场对接,甚至被要求与国际接轨,另一方面其脐带还连在政府身上。从目前转企改制的情况来看,出版企业距离建立现代企业制度的目标还有一定差距,虽然被冠以公司之名,但其实还不是真正意义上的市场主体。二是具有较大规模和国际竞争力的出版强企还太少。2012年,中国出版集团、凤凰出版传媒集团和中国教育出版传媒集团分别以年收入8.35、8.14和5.31亿欧元入围全球出版业前50名[①],但与排名靠前的国外出版企业还有较大距离。从销售收入上来看,这三家出版集团的年收入总和与排名第五的兰登书屋基本持平;排名第一的培生年收入高达69.13亿欧元,约占我国同年全国所有图书出版社总收入的80%。从国际竞争力来看,国内知名的出版企业,在大众出版、专业出版和教育出版现代三大出版领域,还不具备与培生、励德·爱思唯尔、麦格希教育等国际出版传媒集团同台竞争的实力。

提高我国出版企业的竞争力和影响力,关键是要突破制度的约束。中国在晚清时期就出现了面向市场的出版企业。民国时期,独立的民营出版企业遵循市场规律生发消灭。不能适应市场需求的出版企业被无情淘汰,能够满足并引领市场需求的企业则

---

① 陆云:《全球书企50强中国占3席》,《中国图书商报》2013年6月28日。

越做越强,商务印书馆、中华书局等至今是出版人仰望的星辰。但是,出版企业形态未能在社会变迁中保持一个自然的演变过程。无论是在新中国成立初期的企业时期,还是改制前的"事业单位、企业化管理"时期,出版社的运营都与政府命令、计划保持着或紧或松的关系。如今,随着社会主义市场经济体制的确立,出版企业又将经历一场革命性的转向,即逐渐褪去宣传工具的外衣,恢复市场主体的身份。从计划经济体制中走出来的出版企业一方面要经历身份的彻底转换和机制的再造,另一方面又要承担建设文化强国的任务,这注定了出版企业转型过程的复杂性和艰巨性。作为出版产业的微观基础,出版企业的成功转型,不仅是检验出版改革成败的重要标准,更是建设文化强国宏大叙事的重要内涵。也就是说,出版企业转型的微观问题实际上能够反映出版产业发展的中观问题及国家文化建设的宏观问题,这也正是本研究的意义所在。

三、研究空间

梳理相关文献后发现,以转企改制后的出版企业为直接研究对象的中文文献不多,英文文献更是稀少。前者与我国出版单位转企改制时间不长有很大关系,后者则主要是因为西方出版企业并没有经历过这一具有中国特色的发展过程。但是,随着出版企业在出版产业发展过程中的作用日益凸显,针对出版企业的具体研究开始逐渐为研究者们所重视,近两年相关研究成果屡现,如张其友等主编的《转企改制后大学出版企业发展研究》、蔡翔等著的《理想和市场之间——出版单位转企改制后社会责任研究》和李荁的硕士论文《我国出版企业深化改革的困境、原因分析及路径选择》等。这些以出版企业为研究对象的著作或论文从不同层面探讨了出版社转企后如何更好发展的问题。

与西方出版企业研究侧重于纯经济层面不同，我国当前出版企业的研究需要更多维度，因为出版企业是中国社会转型的产物，它的发展速度、发展方向及发展空间是由政治、经济和文化等社会因素共同决定的。此特殊性显然增加了出版企业研究的难度，这一点在上述文献中都有所体现。如前所述，本研究所探讨的出版企业转型主要涉及企业组织形式和发展方式两个方面的变革，因此产权改革和市场完善是本书最关注的两个研究领域。在这两个领域，已有不少研究成果。当然，充分消化和吸收它们，还需要结合出版体制改革和出版单位转企改制的相关文献，因其是出版企业转型的前奏。

关于出版体制改革的文献可谓汗牛充栋。其中，关于出版体制改革的实质、方向和最终目的研究是比较充分的。王建辉（2003）在出版体制改革启动之初就指出，改革实际上是一些关系的调整。出版体制改革，重要的是处理好管与办、事业与产业、试点与非试点、自上而下与自下而上之间的关系。他认为，政企分开只是出版体制改革的第一步。在这之后，要解决政府如何加强监管、企事业单位如何加快发展的问题，不然就是半拉子改革。改革的目的,不是为了向上交差,其实还是为了向下,即调动从业人员的积极性和创造性、满足人民群众日益增长的文化需求。只有上和下实现互动,改革才能到位、才能落到实处。[①] 这是出版体制改革正式启动之初对出版体制改革认识较为深刻的一篇文献,虽然作者并没有对其观点进行学理性的阐述,但反映了当时出版人对出版体制改革较为冷静和清醒的认知。直至今天,政企分开和实现下与上的互动仍然是我们追求的目标。尹章池(2006)对我国出版体制改革作了更偏向经济学理的审视。例如,他借鉴新制度经济学指出,我国出版体制改革的实质是出版制度变迁和体制转型的过程,其深层次改革的重点是出版企业产权制度改革。再如,他基于复杂性科学方法论,提出了多样性出版改革模式的建议,但没有就如何搞多个模式的改革做进一步的分析。[②] 刘伟见(2009)认为,改革既是一场产业格局的调整战,又是一场思想解放的心理战,只有彻底转变原有的体制思维,才能够突破产业主体性缺陷和文化个性缺失的出版困境。[③] 总的来说,这部分文献对于我国出版体制改革的认识是比较到位的,也抓住了出版改革的几个关键点,如政企分开、产权改革、市场主体塑造等。

经营性出版单位转企改制是我国出版体制改革的题中应有之义。转企改制,在有些文献中也简称"转制",分为"转企"和"改制"

---

① 王建辉:《文化体制改革与出版体制改革》,《出版科学》2003年4期。
② 尹章池:《用经济学理论审视我国出版体制改革的方向》,《编辑之友》2006年第2期。
③ 刘伟见:《改革就是要突破出版困境》,《出版参考》2009年第18期。

两项重要任务。转企是指出版单位由事业性质企业化管理转为企业性质企业化管理。"改制"一词源于我国国有企业改革,主要是指国有企业进行引入非国有资本的股份制改造。由于特殊的意识形态属性,非国有资本被严禁进入出版业,也不允许参与国有出版企业的股份制改造。因此,出版业虽然采用了其他领域国有企业的"改制"用语,但与它们的涵义略有区别。首先,转企后的出版社并没有被要求全部改制,只是"有条件的要进行股份制改造,实现投资主体多元化"[①]。其次,出版企业进行股份制改造是在国有投资主体之间展开的。当前,政策允许出版企业的子公司引入一些非国有资本,但国有资本必须拥有绝对控股权。所以,所谓"转企改制"或"后改制"等出版用语,主要指出版单位已经成为企业,并不代表出版企业已经进行了股份制改造或像其他领域国有企业一样引入了非国有的产权投资主体。对于完成转企改制任务的出版企业而言,其行业内都有改造成为市场主体的基本共识,如宋木文(2005)认为,"转制为企业的出版社,则要经历一系列的改革和妥善安排,使其逐步成为自主经营、自负盈亏、增加和强化竞争活力的市场主体"[②]。但是,对于出版企业如何处理社会效益与经济效益的关系却有两种截然不同的看法。一种是出版行业长期坚守的权威观点,"要把社会效益放在首位,实现社会效益和经济效益相统一",另一种"以利润最大化为目的"的观点认为,实现两个效益

---

① 柳斌杰:《全面深化新闻出版领域体制改革》,《中国编辑》2008年第5期。
② 宋木文:《出版社转制问题的观察与思考》,《出版科学》2005年第4期。

的完美结合"只是一种人为设定的理想,在认识层面上存在误区,在操作层面上存在悖论"①。蔡翔、陆颖、尹世昌等人(2013)提出用社会责任取代社会效益作为考核出版企业的新指标,在一定程度上避免了传统观点在操作层面的尴尬,也对后一种观点进行了修正。②

建立现代企业制度、塑造市场主体的改革目标决定了出版单位转企后必须进行产权改革,否则从事业性质到企业性质只是履行了一个简单的翻牌程序,出版社本身不会有实质性的变化。郝振省(2004)较早地认识到,出版社由单一的国有制向多元化的混合所有制转变是出版社转制逻辑推演的环节之一。他指出了出版企业产权制度改革的两个层面:一是实现投资主体的多元化;二是实行一定程度的产权人格化。在产权多元化问题上,可以考虑与形成规模的诚信度较高的民营企业合作。③ 蔡翔(2008)认为,我国传统出版事业体制转变为现代出版企业体制,其首要问题是产权制度的改革,并对产权多元化和人力资本产权化进行了比较到位的分析。产权多元化有助于破解国有产权虚置的问题,只有在实行产权多元化的情况下,依靠各投资主体对自身利益的关注,才可以消除国有独资公司所无法解决的由于产权所有者缺位带来的一系列问题。另外,建立人力资本产权激励机制是出版企业谋求长

---

① 汤伏祥:《出版产业发展需要认识和解决的几个问题》,《中国出版》2005 年第 5 期。
② 蔡翔、陆颖、尹世昌:《理想与市场之间——出版单位转企改制后社会责任研究》,中国传媒大学出版社 2013 年版。
③ 郝振省:《出版业转制的逻辑推演》,《出版发行研究》2004 年第 6 期。

远发展的关键。① 王关义(2008)认为,产权制度的基本功能是给人们提供一个追求长期利益的稳定预期和重复博弈的规则,没有完善的产权制度的经济一定是不讲信誉的经济。对出版企业的领导者来说,企业不是长期属于自己的,短期行为比长期打算更加现实。因此,必须抓好产权制度改革,明确产权归属,使企业经营者拥有企业财产的支配权和剩余索取权。② 显然,研究者对出版企业产权改革的探讨已经触及到私人产权问题。蔡翔、陆颖(2013)针对我国出版企业的具体情况,提出了实现产权多元化的步骤。步骤如下:首先允许国有企业在新闻、出版等领域参股,之后再允许国有企业在其他行业内参股;待条件成熟之后,逐步实现对民营资本放开。他们认为,引入非公有资本才能真正解决国有产权虚置的问题。③

转企改制后,出版企业的公司治理问题成为研究热点之一。周百义、肖新兵(2010)对出版集团公司的治理现状进行了认真梳理,并总结了出版集团公司在公司治理方面存在的问题:一、多数是国有独资公司,公司治理环节中缺少股东会这一制衡环节;二、董事会、监事会不规范;三、党委会、董事会、监事会、经营管理层高度重合;四、外部监督缺位;五、激励机制待完善。④ 张其友、李桂福

---

① 蔡翔:《关于当前大学出版深化体制改革若干问题的思考》,《现代传播》2008年第6期。
② 王关义:《中国出版业改革理论思考与探索》,中国财政经济出版社2008年版,第35页。
③ 蔡翔、陆颖:《我们出版的方向——深化出版体制改革问题研究》,中国传媒大学出版社2013年版,第112页。
④ 周百义、肖新兵:《出版集团公司治理现状分析及对策研究》,《出版发行研究》2010年第1期。

(2012)分析了转制背景下大学出版企业的公司治理问题:一是产权结构单一,导致政企不分、管理者缺位;二是法人治理结构不健全。改制中过多关注人员问题,忽略核心内容——法人治理结构的建设;社长兼任董事长,导致董事长既当裁判员,又当运动员;三是董事会、监事会职责不明,带来越权现象,滋生高层腐败;四是引进职业经理人的机制不完善。大学出版企业的社长多为高校内部委任,而非从社会或企业内部选拔。[①] 虽然出版集团和大学出版社在公司治理方面存在的具体问题略有不同,但反映了导致出版企业公司治理虚化的共同原因:单一的国有产权主体。[②] 蔡翔和李萁(2011)认为,解决大学出版社公司治理问题应该采取分类指导的原则,一部分大学社保留单一产权制度,理顺校社关系,另一部分大学社按照产权多元化路线,塑造独立的市场主体。[③]

改革是为了更好地发展,因此出版企业,特别是出版集团的发展问题也是研究者们重点关注的内容。成为法律意义上的市场主体后,出版集团主要面临着如何"做大做强"的问题,即如何通过市场化手段实现跨地区、跨行业、跨媒体、跨所有制的兼并重组,改变出版产业"小、散、弱"的局面。王维佳(2009)认为,当前出版的市场竞争机制是导致出版集团经营困难的症结之一,即出版业完全

---

① 张其友、李桂福主编:《转企改制后大学出版企业发展研究》,北京师范大学出版社2012年版,第47—48页。
② 魏玉山:《出版集团改革的若干问题研究》,《编辑学刊》2012年第3期。
③ 蔡翔、李萁:《公司治理结构:当前大学出版社面临的问题与路径选择》,《现代出版》2011年第4期。

的政府垄断市场类型在区域发展和行业发展上限制了出版集团的进一步扩张。① 虽然作者没有就此观点进行更充分的论证,但其关于市场机制对产权改革影响的结论——如果缺乏一个外部充分竞争的市场环境,那么内部产权结构的调整则失去了方向和意义——是引人深思的。显然,研究者们已经开始怀疑,在出版市场机制不变的情况下,股份制改造对企业乃至整个产业长期发展的效果。王晨(2009)考察了出版企业、消费者以及政府规制部门之间的互动关系,得出了"政府未能处理好政府与市场的关系,造成了政府角色的缺位与越位,市场运行效果不理想"的重要结论。② 王勇(2011)根据我国微观图书出版社市场调查的结构方程模型分析结果,指出"图书出版产业的市场竞争状况对出版社的行为和绩效的影响作用非常有限",并提出"政府应当在完善图书内容审查机制的基础上,不断推进我国图书出版产业市场机制改革"的建议。③

综上所述,业内人士对出版体制改革背景下的出版企业发展问题进行了较为深入的思考,触及与出版企业转型有关的几个关键点,如产权改革、公司治理等与建立现代企业制度相关的重要内容,以及政府与出版市场之间的关系等。还有许多研究虽然只是在技术层面探讨了资本化、数字化时代传统出版业或出版企业如

---

① 王维佳:《出版集团化:瓶颈及制约因素》,《出版发行研究》2009年第2期。
② 王晨:《中国出版业的产业竞争与政府规制》,中国书籍出版社2009年版,第249—250页。
③ 王勇:《我国图书出版产业的市场竞争与创新战略》,经济科学出版社2011年版,第213—214页。

何突破发展困境,但是其中的一些观点或数据也让笔者受益匪浅。上述几个领域所取得的成果,为本书奠定了良好的基础。在充分吸收和消化已有研究成果的基础上,笔者认为,目前关于出版企业的研究还可以在以下三个方面继续深入:

其一,重视利用经济学理论展开具体研究。过去,受意识形态束缚和计划经济的影响,我们片面强调出版的文化特殊性,而有意或无意地忽略了出版的经济一般性,从而导致具体的出版研究有脱离经济学语境自说自话的现象。今天,出版企业的转型遇到一些困惑,迫切需要相关经济学理论的支撑以取得理论和实践两个方面的突破。因此,笔者借助经典经济学理论,力图首先还原出版企业的一般性,再在一般性和特殊性相结合的基础上,探索市场经济中的出版企业通过经济手段实现文化目的的现实路径。

其二,探索新的研究思路。当前关于出版企业的学术成果存在较为固定的研究思路:一是所有国有出版企业的产权改革有统一的限定,如国有资本要保持绝对控股地位;二是大多数研究是在默认出版市场竞争充分的基础上研究出版企业的发展问题,即便有的研究指出了出版市场的垄断性但没有给出有说服力的分析;三是主要从出版人自身的文化自觉来研究出版企业的文化功能,很少探讨社会文化环境对出版企业文化功能的重要影响。基于此,本书将另辟新的研究思路:一是突破将出版企业产权改革做统一化处理的研究思路,对出版企业的产权改革进行分类研究;二是将市场竞争作为影响出版企业发展的一个关键因子,具体分析我国出版市场的特征并探讨提高市场竞争的针对性措施；三是建立内容创作与内容传播之间的联系，探寻如何营造一个鼓励思想创新和繁荣的社会氛围。

其三，延伸研究深度。由于我国出版企业的转型处于两种经济制度的转换过程中，因此这一看似微观的研究领域，实际上可以折射出出版管理制度及其管理理念中不符合产业化、市场化发展的内容。当前众多相关文献受研究范围和研究侧重点的局限，在出版企业转型与出版管理制度及其管理理念之间建立的联系不够紧密，或者点到为止，很少提出具体的改革方案。笔者希望能够在此方面进行尝试，在出版企业转型和出版管理制度创新及其管理理念调整之间建立一个从下到上的研究进路。

上述有待拓展的研究空间并不意味着已有学术成果的不足，只是说明有关出版企业转型的理论研究在我国才刚刚起步，还有许多学术"荒地"待开垦。

四、研究的主要理论工具和方法

当前出版企业的转型既有经济层面的理性诉求，又有文化层面的本质追求，而文化与政治之间又存在着某种内在的逻辑关系。因此，经济学和政治学的相关分支理论是本研究得以展开的两大理论工具。

科斯(Coase)认为，企业是价格机制的替代物。交易由企业(内部计划)还是由市场(通过价格机制)来完成取决于组织成本和交易成本的相对大小。企业和市场各有所长,互不替代,两者的分工取决于交易成本。企业主要是通过一定的计划安排来完成交易成本低于市场交易成本的任务。[①] 美国著名企业史学家钱德勒(Chandler)指出,支撑现代工商业诞生成长的是一只"看得见的手",即由经理阶层和相应的组织结构组成的"企业管理协调机制"。这只"看得见的手"比亚当·斯密(Adam Smith)所谓的市场协调的"看不见的手"能够更加有效地促进经济的发展和增加资本家的竞争能力。[②] 但企业的作用有其边界。在计划失灵的领域,采取市场机制就是降低交易成本的必然之选。因此,在市场经济中,企业和市场是既相互补充、又相互替代的协调经济活动的组织形式和配置经济资源的运行机制。

在从计划体制向市场体制的转轨过程中,其实是用企业和市场这两种制度、两种组织、两种机制,去代替中央集权指令计划这一种制度、一种组织、一种机制,来完成经济的协调、激励和资源有效配置的任务。[③] 这意味着,在市场经济中,企业的经营活动及其经济绩效不仅与企业内部的制度相关,也与企业外部的市场环境有关,二者缺一不可。因此,研究出版企业的转型问题不仅要研究企业本体,也要研究市场机制,从而通过企业和市场这两种互为补充的资源配置方式实现最佳的资源配置结果。鉴于此,新制度经

---

① 〔美〕罗纳德·哈里·科斯:《企业、市场与法律》,盛洪、陈郁译校,上海人民出版社2009年版,第37—45页。
② 〔英〕伊迪丝·彭罗斯:《企业成长理论》,赵晓译,上海人民出版社2007年版,第12—13页。
③ 费方域:《企业的产权分析》,上海格致出版社、上海人民出版社2009年版,第2页。

济学的企业理论和新古典经济学的市场理论自然成为本书的理论支撑之一。

出版企业无论怎样转型,最终目的是促进社会思想文化的繁荣和发展、实现文化强国战略。为此,出版企业要少出平庸书、应景书,多出有思想内涵、文化含量的书,因为只有这样的内容才能滋养心灵、砥砺思想,也只有这样的内容才有国际竞争力和文化影响力。实现这一文化目标需要思想繁荣的社会氛围,而出版自由是思想繁荣的必要前提。如何结合当前的社会条件,稳步推进出版自由,是我国文化建设过程中不能回避的问题,而西方已经较为成熟的出版自由理论是可供我们学习和借鉴的。

综上所述,本书将以经济学、政治学为主要研究工具,并跨越文化学、社会学、传播学等学科领域,所涉及的理论有企业理论、市场理论、制度变迁理论、产业组织理论、出版自由理论等,所采用的研究方法主要包括文献分析法、比较研究法、定性研究法、个案分析法和调查访谈法等。

五、研究思路

(一)研究目的

出版产业和出版事业[①]是推动我国出版发展的两股动力。其

[①] 本书中,"出版事业"是指不依赖市场的公益性出版活动。

中,以市场经济体制为基础的出版产业是当下我国出版业的发展重点。就出版单位转企改制的规模而言,我国出版正在进入企业时代。作为推动出版产业发展和促进文化繁荣的重要力量,完成转企改制任务不久的出版企业亟须遵循产业和文化发展规律深化改革。本书将首先从产业视角出发,重点论述出版企业在公司制改造和发展方式转变两个方面的问题,然后再从文化视角出发,阐述如何营造一个鼓励思想创新和传播的社会环境。沿着这样的研究路径,能够基本实现通过企业微观问题反映产业中观问题及文化宏观问题的研究目的。

(二)结构安排

本书秉持"问题+应用"的思路,沿循文化—经济—文化的路径,通过六章内容探讨当前出版企业的转型问题。

第一章说明出版企业转型的动因和目标。出版企业转型的动因有两个:从国家层面而言,是发展文化产业;从行业层面而言,是发展出版产业、解放出版生产力。出版企业转型的目标也有两个:从国家层面而言,是文化强国;从产业层面而言,是塑造市场主体。

第二章分析当前出版企业存在的主要问题及其原因。首先,出版企业的市场主体地位不突出。根据改制目标,出版企业要最终建立"产权明晰、权责明确、政企分开、管理科学"的现代企业制度,成为市场竞争主体。然而,由于产权改革不到位,"政企不分"的问题迟迟得不到解决,导致出版企业无法真正转变为市场主体。

其次，出版企业的竞争力不强。从出版企业的外部活动空间来看，国有出版企业仍然囿于一个行政分割和垄断的市场中，缺乏有效和充分的竞争。

第三章提出对出版企业进行分类产权改革的方案。由于国有制企业天然存在着"政企不分"的问题，因此不是所有的出版企业都能改造为市场主体。主要发挥社会效益作用的出版企业要保持国有制性质，即国有资本必须保持绝对控股地位，并沿用"双效"标准；要成为市场主体的出版企业必须深化国有资本退出绝对控股地位的产权改革，向混合所有制发展，可用社会责任评价标准取代"双效"标准。

第四章分析完善出版市场的主要举措。当前出版企业的成长瓶颈部分源于分割封闭的市场及由此形成的垄断力量。为了扩大出版企业的发展空间并提高出版企业的竞争力，需要打破出版市场的各种行政壁垒，特别是与所有制相关的市场进入壁垒，向民营出版力量开放市场。

第五章阐述出版行政管理制度的创新。第一，曾发挥过积极历史作用的主管主办制度需要在新的历史条件下针对不同类型的出版企业实施不同的制度供给。第二，为了恢复出版企业与市场信号之间的联系，传统的审批制度也应根据出版业改革的趋势和进程进行分阶段的改革。

第六章探讨调整出版管理理念的原因和基本思路。建设文化强国要求出版企业多出版有思想性、有文化影响力的图书，而这需要一个较为自由的出版环境。为此,应该遵循文化发展的规律,对出版管理理念进行必要的调整。

(三)创新和探索

本研究主要有三个创新之处:一、国有出版企业分类进行产权改革。一类出版企业保持国有独资或国有控股,以社会效益为主要目标;一类出版企业向非国有控股的混合所有制发展,以市场主体身份参与市场竞争。二、出版市场向民营出版力量开放以引入更多的竞争。三、调整出版管理理念,将国家统一管控的出版领域划分为国有、民营和中间组织三个部分,由目标不同的出版主体来承担出版的喉舌功能、文化功能和经济功能。

基于以上三点创新,本书对产权改革、重要出版管理制度及其意识形态根源进行了一定程度的学术探索,例如对"双效"标准的适用范围、主办主管制度和审批制度的创新、出版管理理念的调整做了较为大胆的理论剖析。

第 1 章
出版企业转型的动因和目标

当前,经营性出版单位已经完成转企任务,成为独立的企业法人。出版企业已经进入更为深刻的、历时更长的转型期,从传统、封闭、单一、保护,走向现代、开放、多元、竞争,从名义上的法人实体转变为适应市场经济体制要求的市场竞争主体。关于出版企业的转型问题,也存在着不同的声音。持反对观点的人,常常会因当下出版市场上出现的文化乱象来否定市场化的改革,质疑出版企业转变为市场主体的必要性。这种表面上重视和保护文化的观点,实质上并没有站在文化的高度来理解出版企业的转型意义,从而在认识上陷于保守或僵化。只有全面、深刻地把握出版企业转型的动因和目标,我们才能理解出版企业转型对于国家进步和行业发展的重要价值,也才能对出版企业的转型目标形成顺应社会发展趋势的统一认识。

第一节 出版企业转型的动因

经营性出版单位转企改制是出版体制改革第一阶段的重要任务和主要标志,是由国家强制力量推动的。这意味着,出版单位转企的微观行为必然与国家战略和行业规划紧密相关。因此,应该从国家和行业两个层面来认识出版企业转型的意义。

一、国家层面:发展文化产业

每一种社会结构一定有一种具体与它的生产力和生产关系相适应的文化形态。也就是说,文化存在结构与社会结构之间存在着同构关系。当这种关系发展到现代,社会和生活在其中的人要以一种新的方式来进行交流的时候,就需要一种全新的打破原有社会结构的文化方式。这种崭新的文化方式就是今天几乎渗透至全球的文化产业,它是现代政治、经济和技术等现代性要素,如民主政治、市场经济、教育普及和高新技术综合作用的结果。文化产业(Culture Industry)最先是由法兰克福学派提出来的,用来指称一种新的文化现象,通常被翻译成"文化工业"。虽然在文化研究领域,这个概念带有强烈的批判性和否定性价值判断,但无疑它承认了这种新文化形态的现代性存在。国际社会关于"文化产业"的定义还未形成普遍共识。相对而言,联合国对文化产业概念的认定基本上反映了该产业形态的本质和特征。在题为《文化、贸易和全球化》的报告中,联合国教科文组织将"文化产业"定义为那些包含创作、生产、销售"内容"的产业,并且指出其本质:它们与文化有关而且是不可触摸的,一般通过著作权来保护,并且以商品或服务的形态出现。

不同于人类历史上任何一种文化形态,文化产业是资本主义发展到商品生产已经渗透到精神领域的时代产物。作为文化范畴,文化产业(文化工业)是当代西方文化理论的重要内容之一,有助于我们克服流行于文化产业的简单思维和乐观主义。作为经济范畴,文化产业是西方现代文化发展的结果之一,它与资本主义市场体制之间的关系极其密切,大量的文化现象直接走进市场并积极参与资本增值。总而言之,文化产业已经成为西方当代社会的主要构成。文化产业的高度发达,不仅增加了这些国家通过文化生产和消费所获得的经济收益,而且也让附着其意识形态的文化产品在全球化时代不断涌入世界的各个角落。

对于我国而言,发展文化产业不仅是对现代社会文化存在方式的积极应对,还具有实现当代政治和经济诉求的重要意义。

发展文化产业的意义之一:维护全球化时代的国家利益和文化安全。英国学者约翰·汤姆林森(John Tomlinson)认为,"所谓全球化,就是快速发展、不断密集的相互联系和相互储存的一种网络系统"。① 全球化趋势最先表现在经济领域,被称为经济全球化,即国家及地区间在商务、服务、资金、信息等方面的人为障碍被不断排除,全世界变成一个巨大而单一的市场,各个国家的经济都被纳入世界经济的体系之中。随着全球化进程的深入,人们逐渐认识到,文化是复杂地联结全球化整个进程的一个内在的、至关重要的方面。文化全球化是人类未来的文明存在状态。它不仅表明世界是统一的,而且表明这种统一不是简单的单质,而是异质的或多样性共存②,即各个国家的文化全球化应该在保护国家利益的前提下加以实现,未来世界应该是文化的多元共存,而不是强势文化的一统天下。

站在维护国家利益和文化安全的高度上,文化产业的发展受到了各国政府越来越广泛的重视。冷战结束后,文化软实力在国家利益构成中的权重逐渐上升,各国都开始研究如何在国际关系中打好"文化"这张牌。在文化产业所有形态的运动中,无论是经济的还是政治的,都是通过文化产品的生产和传播,作用于人的精神世界,满足人们的精神消费需求,影响人的生活态度和生存方式,改变人观察世界和认识世界的思维模式,进而影响人的社会行为。在全球化背景下,任何精神文化力量的传播不借助于文化产业很难实现它的目的。③ 总言之,文化产业有这样一种特殊性,它

---

① 〔英〕约翰·汤姆林森:《全球化与文化》,郭英剑译,南京大学出版社 2002 年版,第 6 页。
② 胡惠林、单世联:《文化产业学概论》,书海出版社 2006 年版,第 66 页。
③ 同上书,第 135—136 页。

最终将超越经济范畴作用于人的价值观、思想和传统。其先进与落后、振兴与衰弱，不仅仅影响一个国家内部的文化需求，也关乎其在世界的地位。文化产业强大的国家，在满足国内文化需求的同时，还能够提高其文化和价值观的输出。反之，则有可能沦为其他国家文化产品的消费市场，甚至出现被强势文化吞噬的危险。文化产品正在成为新的世界文化秩序重建的关键性因素，因此生产和销售文化产品的文化产业已普遍成为现代国家发展战略的重要内容。作为发展中国家，我国要想在全球化时代不平衡的文化权力关系中保证国家利益和文化安全，必须通过发展文化产业来增强自己的文化地位。

发展文化产业的意义之二：为和平崛起树立良好的国家形象。历史告诉我们，任何一个大国的崛起都必然会在客观上影响现行的国际秩序，因而遭遇抵制和反抗。改革开放以来，中国经济蓬勃发展，已成为世界上仅次于美国的第二大经济体，令世界瞩目，也让世界恐惧。进入21世纪，"中国威胁论"甚嚣尘上。这其中的主要原因是，以文化为代表的国家软实力没有跟上以经济、军事为代表的硬实力的发展。目前，中国尚没有形成一种被国际社会广泛认同的文化价值观，因此其在硬实力方面的巨大成绩没有得到应有的尊重和认可，反而被一些国家视为对现有国际秩序的威胁。

为了实现和平崛起，避免国际冲突，中国需要借助文化特殊的渗透力和影响力来化解任何形式的抵制。这意味着，文化要提到国家力量的高度来认识和掌握。与单纯的GDP数字相比，"润物细无声"的文化更有助于树立良好的国家形象。以文化为主要构成元素的国家形象不仅能体现出现代文明的高度,而且更易赢得国际社会的尊重和认可。文化产业是现代文明传播最重要的手段,是展示现代国家形象最自信的方式。内在地具有象征性意义的文化产品通过卖和买的过程到达消费者手中时,其代表的特定国家形象也随之被传播至买者的脑中,并在消费的过程中逐渐增加被认同度。因此,中国的和平崛起需要凭借文化产业的发展来更好地展示国家形象。

发展文化产业的意义之三:拉动国民经济增长和促进经济结构转型。文化产业是近代工业文明的产物,是集中体现和反映了现代人类社会精神和物质文明的典型存在。它以自己的内容和形式参与配置和整合各种社会资源,包括政治的、经济的、文化的、社会的等等。在文化消费处于核心地位的现代社会,文化产业与社会经济之间的关系是极为直接的。在经济领域,当前西方国家的文化产业已成为当代资本主义经济的重要组成部分,对推动本国经济发展功不可没。例如,美国文化产业总产值在 GDP 中的比重已超过 25%,日本达到 20%,欧洲平均在 10%—15% 之间。[①] 这些国家的文化产业,都已成为国家的支柱产业。[②] 在推动经济增长的同时,文化产业的大力发展也促使这些国家逐渐从工业化社会向"后工业化"社会转变。近年来,西方发达国家多把发展文化产业

---

① 周蔚华:《新闻出版强国论》,《中国出版》2011 年第 1 期。
② 根据国际主流观点,支柱产业占 GDP 的比重需达到 5%。

放在产业结构调整的优先位置,文化产业规模开始超越传统的农业、交通和建筑等行业。相比之下,由于长期的计划经济和对文化经济功能的忽视,文化产业在很长的时间里,一直没有在我国国民经济和社会发展的整体规划中获得正式身份和实践的存在形态。

经济对文化的作用主要体现在市场经济条件下文化的产业化发展。经济领域的改革开放给我国文化产业的兴起提供了历史契机和时代背景,使得文化产业成为文化建设的重要手段。随着市场化改革的深入,文化产业在国家整体发展战略中的作用和地位日渐清晰,即发展文化产业不仅是满足人们精神文化需求的重要途径,也是拉动我国经济增长和促进经济结构转型的必要手段。2002年3月,朱镕基总理在《政府工作报告》中提出,为了"进一步解决经济发展的结构性矛盾和体制性障碍",应该"大力发展旅游业和文化产业",这是政府第一次明确指出文化产业发展在国家战略目标中的具体定位。2009年7月22日,我国第一部文化产业专项规划——《文化产业振兴规划》由国务院常务会议审议通过,标志着文化产业已经上升为国家的战略性产业。文化的创造和繁荣时代,一般而言总是在财富增长最迅速的时代接踵而至。随着人民物质生活水平的不断提高和精神需求的日渐增长,我国文化产业进入了一个较快速的发展期。2004年我国文化产业增加值为3 040亿元,GDP占比为2.15%;2012年我国文化产业增加值达到

18071亿元,GDP占比达3.48%。[①] 这一期间,文化产业增长幅度远远高于同期国民经济增长幅度,显示出强劲的发展潜力,但总体贡献与世界发达国家相比还有不小的差距。另外,我国在工业化发展过程中,面对国内外日益激烈的市场、资源、人才、技术和标准等方面的竞争,以及日益凸显的能源、环境等问题,我国亟待转变经济发展方式,对经济结构作战略性调整,彻底改变原来粗放型的经济发展模式。文化产业具有优结构、扩消费、无污染、低耗能、可持续的独特优势,是朝阳产业、绿色产业,在提升经济发展质量、推动经济结构转型方面将发挥重要作用。因此,我国未来经济的增长和经济结构的转型都客观上要求文化产业历史性地成为新时期国家战略性产业的发展重点。

二、行业层面:发展出版产业

行业一般是按生产同类产品或具有相同工艺过程或提供同类劳动服务划分的经济活动类别,如服装行业、机械行业等。根据此定义,商业性是行业的一个基本特征。出版作为一种行业,是出版物成为商品以后才出现的。因此,出版行业或简称为出版业,主要是指以图书、期刊和报纸为媒介形式进行内容生产的经济活动。在我国,虽然很早就出现了具有商业属性的出版组织,例如书坊,但长期以来一直用"出版事业"来指称"出版行业"。进入市场经济

[①] 王永章:《民营企业将成为文化产业的重要力量》,《中国出版传媒商报》2014年1月3日。

体制后,我们才比较全面地认识到,出版行业应该分为"事业"和"产业"两个领域,前者主要实现一些公益性目标,后者则以实现经济目标为重。2011年新修订的《出版管理条例》,通过法规形式正式将表示出版行业概念的"出版事业"表达一律改为"出版产业和出版事业"。

我国将文化产业划分为文化产业核心层、文化产业外围层和相关文化产业层三个层次。其中,处于核心层的文化产业是衡量一个国家文化实力的最重要指标。传媒产业处于文化产业的核心层,而出版又处于传媒产业链的上游,因此出版产业属于文化产业核心层的核心。这一重要核心地位要求出版产业为文化产业的发展和繁荣做出文化和经济上的双重贡献。在文化上,要生产出更多的优秀出版物,以先进的内容推动社会进步;在经济上,要为文化产业成为国民经济支柱产业创造合理的经济效益。虽然文化贡献不能完全由经济指标来衡量,但是在市场经济条件下,经济指标却是文化贡献的重要反映。当前,国家也对文化产业的发展速度提出了较高的目标。《"十二五"时期文化改革发展规划纲要》提出:到2015年,文化产业增加值占国民经济比重显著提升,文化产业推动经济发展方式转变的作用明显增强,逐步成长为国民经济的支柱性产业;《"十二五"时期文化产业倍增计划》提出:"十二五"期间,文化部门管理的文化产业增加值年平均现价增长速度高于20%,2015年比2010年至少翻一番,实现倍增。国家对文化产业的宏观目标,客观上要求出版产业充分利用市场交换加快发展速度。

然而，我国出版产业还处于起步阶段。首先，这一概念直至20世纪90年代中后期才在出版理论界出现。如上所述，在此之前，我国的出版行业没有所谓的"产业"概念。随着市场经济体制的逐步确立和文化产业其他领域改革的逐渐铺开，我国出版行业才开始探索有别于事业发展模式的产业化发展路径。其次，以20世纪初出版体制改革的正式启动为起点，出版产业才正式由理论探讨进入操作实践层面，成为我国文化产业的重要组成部分。与在市场经济体制下自然成长的西方出版产业不同，我国出版产业脱胎于计划经济体制下的出版事业，必然带有旧体制的特征或弊端，如政府代替市场决定出版资源的配置，出版单位和出版个人普遍缺乏生产积极性，读者的文化需求不能得到有效满足，等等。

一般而言，一个产业要发展成为成熟的产业形态首先要经历较为艰难的转型期。这个阶段的特点是前产业形态、现产业形态与后产业形态并存，新旧体制交叉。我国的出版产业正处于这样的转型阶段，各种产业形态兼具，计划经济出版体制和市场经济出版体制交织，生产关系还没有完全调整到位。虽然转型阶段的客观限制及出版内在的文化属性，都决定了出版产业不太可能达到像其他文化产业部门那样惊人的发展速度，但是发展方向却在国家大力发展文化产业的目标下更加明确，即要充分重视和尊重市场，加快转变政府职能，改变单纯依靠规模和数量扩张的传统增长模式，探索新的成长方式、发展新的出版业态，充分解放被长期束缚的文化生产力，加快提高生产出版产品、提供出版服务的能力。

综上所述,无论是从国家层面还是行业层面来看,出版都需要开辟出一条产业化的发展路径。产业是宏观概念,企业是微观基础,任何产业的实力都是一个个具体的企业实力的加权结果。综观世界文化强国或出版强国,它们不仅有巨大的产业经济,还拥有一批享誉世界的强大企业,如迪士尼、20世纪福克斯、兰登书屋等。谈起民国时期的出版业,人们首先想到的是商务印书馆、中华书局等著名出版企业。这些强企或名企是产业强大的重要支柱,也是代表一国文化的亮丽名片。不存在没有企业的产业,也不存在没有强企的发达产业。在转企改制的行业大背景下,出版产业已经名副其实地进入了企业时代,迫切要求出版企业遵循产业逻辑成长和壮大。

第二节　出版企业转型的目标

如前所述,出版社转企只是一个起点。企业制度建设和发展方式的真正转变对于国家和行业的未来发展具有不同层面的意义,这同时也为出版企业的转型预设了不同取向的目标。

一、国家层面:文化强国

政治、经济、文化是社会发展的三大动力。在这三大动力中,文化是最终对社会发展起决定性作用的因素。从长远来看,"文化为体制之母"①,它最终决定一个社会的成功。文化通过对人的价值观念、思维方式、行为方式以及信仰、风俗的影响来提高劳动者素质和改善经济要素,最终推动整个社会的进步。总而言之,文化是一个民族的标志和灵魂,文化兴则民族兴,文化衰则民族衰。

现阶段,我国依然处在以现代性为主导的现代政治、经济和文化的演进或构建过程之中,处于古今之变的转型时期。经济体制改革以来,经济领域发生了翻天覆地的变化,2011 年我国国民经济总量就已经超过日本,成为世界第二大经济体。然而,无论从国际还是国内视野来看,我国还不是真正的大国,其主要原因是我们的文化不强。在当今的世界文化市场中,美国占 43%,欧洲占 34%,亚洲占 19%,而这 19%中绝大多数是日本和韩国的贡献,中国少得可怜。② 所以,从国际方面来看,西强我弱的文化格局非常明显。文化魅力和市场份额的不足,导致我国在国际舆论市场上处于弱势地位。从国内现状来看,由于政治体制改革的相对迟缓和文化发展的相对迟滞,我国社会的现代化过程中已经出现信仰危机和道德危机的端倪,迫切需要通过政治和文化两个层面的革新加以拯救。其中,走文化强国的发展道路是当代中国社会的时代选择之一。

文化强国的关键不是固守传统文化,而是要对传统文化进行

---

① 〔美〕塞缪尔·亨廷顿、劳伦斯·哈里森主编:《文化的重要作用》,程克雄译,新华出版社 2010 年版,第 120 页。
② 温宪元:《中国文化强国的使命与方略》,《广州社会科学》2012 年第 6 期。

创新,正如费孝通所言,"文化是流动和扩大的,有变化和创新的"①。根据文化悖论理论,任何一种文化都不可能是完美和永恒的,随着时间的推移,原有文化中的缺陷和不适宜性就会显现出来,逐渐成为束缚人们思想和阻碍社会进步的桎梏,因而对原有文化进行改造和创新,使其与当代社会相适应,与现代文明相协调,是文化发展的必然要求。例如,我国封建社会的主流文化儒学蕴含着许多有益的思想,但也夹杂了不少陈旧理念。如果我们不加区分地以弘扬传统文化为名推崇儒学,就会在客观上阻滞当代社会的发展。因此,对于当代中国而言,文化强国的要义是在文化自信和文化自觉的基础上,对几千年的传统文化进行创新和改造,去其糟粕、取其精华,吸收外来的先进文化,从而形成新的时代文化。转型期的中国如果在文化上止步不前,在思想上因循守旧,势必会对社会发展产生严重的制约。

当经济社会发展到一定阶段,文化成为生产力是一种必然现象。在以关注人的精神及情感为特征的现代社会,一个文化生产力落后的国家,是没有资格自称为文化强国的。走文化强国之路,必须以先进的文化生产力作为重要支撑。为此,我国的文化生产力不仅要逐渐摆脱落后面貌,而且要通过文化体制机制的创新,进入世界文化生产力的先进行列。出版企业向符合市场经济体制要求的现代企业转变,就是通过产业微观基础彻底、到位的转型,充

---

① 费孝通:《文化与文化自觉》,群言出版社2010年版,第434页。

分释放被长期束缚的出版生产力,更有力地推动社会文化的发展。同时,重在"文化"的强国目标,也提醒政府、行业和企业各方,出版单位的转企改制及其向现代企业的转型不是简单地追求"文化GDP",而是在市场经济环境中,更好地承担起传播现代文明、助推文化创新的文化使命,即借助经济手段实现出版的文化目的,开启民智、阐发思想、感应时代、蔚兴文化。只有保持对文化强国这一终极目的的清醒和自觉,由各方力量共同推动的出版企业的转型才会超越一般的经济意义,达至文化创新、文化强国的理想境界。

二、产业层面:塑造市场主体

在现代经济学中,产业是指生产和经营同类产品的企业群。产业化是与市场化紧密联系在一起的。出版产业的发展,客观上要求一大批出版社面向市场,成为自主经营、自负盈亏的市场竞争主体。2009年颁布的《关于进一步推进新闻出版体制改革的指导意见》明确提出:推动经营性新闻出版单位转制,重塑市场主体。2011年公布的《中共中央关于深化文化体制改革若干重大问题的决定》再次强调了国有文化单位的深化改革目标:以建立现代企业制度为重点,加快推进经营性文化单位改革,培育合格的市场主体。

所谓市场主体是指,在市场上从事经济活动,享有权利和承担义务的个人和组织体。具体来说,就是具有独立经济利益和资产,享有民事权利和承担民事责任的可从事市场交易活动的法人或自然人。其中,企业是最重要的市场主体。赢利性和独立性是市场主体的两个最基本特征。相比"重塑市场主体"的措辞,"培育合格的市场主体"更符合中国出版的历史和现实,这是因为在转企改制之前的六十多年历史中,赢利性和独立性从未成为出版社的本质特征。新中国成立之初,我国出版社分为国营出版企业、公私合营出版企业和民营出版企业三类。随着社会主义改造的完成及后来公私合营的终结,出版企业的所有权最终全部归国家所有,成为"预算软约束"下的社会主义企业,根据政府的计划和指令组织生产。20世纪80年代中期,国营出版社又由"企业单位"变成执行"企业化管理"模式的"事业单位"。由于在几十年的发展过程中,出版社从来没有以市场主体身份存在过,加之政府会在未来较长的一段时间内继续为出版社提供保护性的发展环境,因此"培育说"[①]比"重塑说"更符合产业现状。当前,经营性出版单位由事业编制转变为享有民事权利并承担民事责任的企业法人,具备了进入市场的资格,但企业制度依然是以政府办文化为主要特征的计划出版管理体制的反映,与"产权清晰、权责明确、政企分开、管理科学"的现代企业制度有较大距离。只有建立现代企业制度,出版企业才能成为兼具赢利性和独立性的完善的市场主体。

在建立现代企业制度的过程中,我国出版企业还面临着发展

---

① 现在一般用"塑造"取代"培育"的说法。因此,本书采用"塑造市场主体"的主流表达。

方式的转变。新中国的出版业和出版社完全是由政府开办的,因此出版市场明显带有政府垄断的特征,对其他行业和其他所有制是封闭的,与国际出版市场更是割裂的。在缺乏竞争的市场环境中,出版社不可避免地会存在不同程度的惰性,其成长速度和发展空间也受到一定的制约。在长达六十多年的新中国出版史上,至今没有出现类似民国时期商务印书馆那样实力雄厚的出版社,或许能够佐证市场竞争对塑造强企的重要作用。在市场经济体制下,出版企业唯有依靠充分的市场竞争,才能增强文化竞争力,在激烈的市场竞争中做久、做强、做优。

因此,就产业发展的要求而言,当前出版企业的转型包括两个方面:以建立现代企业制度为目标的公司制改造和面向市场展开竞争的发展方式的转变。前者主要指新型企业制度的建立,后者则指出版市场机制的完善。而实现这一转型的根本目的,是要通过出版产业的发展促进社会文化的繁荣,实现"文化强国"的战略目标。总而言之,文化是出版企业转型的出发点,也是其最终归宿。

第 2 章 出版企业转型过程中的主要问题和原因

我国出版企业主要分为地方出版社、部委出版社和大学出版社三大类别。在转企改制过程中,有的出版社加入了集团,包括绝大多数地方出版社和一些部委出版社,因此出版企业又可分为出版集团和单体出版企业两个阵营。虽然不同类型或阵营的出版企业在向现代企业转型过程中遇到的具体问题并不完全相同,但就塑造市场主体的改革目标而言,有一些根本问题是各出版企业普遍存在的,导致问题的原因也是基本一致的。

第一节 透视出版产业发展现状：
增长、滞胀和隐忧

一、产业宏观发展态势综述

从产业整体发展态势来看，受益于出版体制改革所激发的初始活力，出版产业经历了一个较快速的扩张阶段，取得了转企改制、集团化建设、资本扩张、数字出版和"走出去"等多方面的初期成果。然而，当我们认真梳理出版体制改革十年来所取得的成绩后不难发现，无论是集团化建设、转企改制，还是数字出版和出版资本市场的发展、国际出版市场的开拓，政府都在其中扮演了重要的角色。因此，第一阶段的改革主要体现为强制性制度变迁的特征，即政府采取强制方式直接实施制度变迁。以政府为主导力量的初始改革虽然能够广泛、快速地实施，但如果后续的制度供给不能持续满足其他制度变迁参与主体的制度需求，改革就会受阻而停滞不前。近几年，出版产业已经表现出制度供给不足的问题，许多方面存在较为明显的发展问题，如内容创新乏力、兼并重组艰难、数字转型迟缓等。

在内容创新上，近几年图书品质平平，好书乏善可陈，市场上充斥着大量的垃圾书、庸俗书和应景书。累计印数最多的不是有较高文化含量的图书，而是诸如"心灵鸡汤"之类主题的图书。这类图书有其热销的意义,但并不能代表我国的文化建设水平和文化消费需求。在兼并重组方面,除了改革初期行政力量捏合使然之外,通过市场化手段重组的案例不多,强强联合更是鲜见。在这种情况下,我国主要通过行政手段培育起来的大型出版传媒骨干企业,与国际出版传媒巨头的各项经济指标相比,还有不小的差距。在数字出版方面,整个产业仍处于起步阶段。据研究者测算,2013年我国出版社的数字出版收入仅有2亿元左右。[①] 目前,只有一些专业社在数字出版方面有所作为,绝大多数出版企业还没有取得实质性的突破。一些出版企业因缺乏主动意识或必要的资金、人才,只能消极观望、无甚作为;一些出版企业虽然从国家获得了数额较大的数字出版项目资金投入,但收效甚微,如获得国家近4000万元资金扶持的"中国数字出版网"重大数字出版项目至今未取得较好的应用效果。中华人民共和国审计署发布的《2013年第10号公告:中国出版集团公司2011年度财务收支审计结果》,对2008年至2011年间所属中国出版集团数字传媒有限公司实施的财政资金扶持的国家重大数字出版项目的审计结果是:实际收入与预计科研收入差距过大,效益不佳。[②] 以上种种问题,从不同侧面反映了出版产业正遭遇发展瓶颈的现实。

[①] 任殿顺:《2亿,真实数字出版产业收入》,《博雅出版论坛》2014年第10期。
[②] 《2013年第10号公告:中国出版集团公司2011年度财务收支审计结果》,http://www.audit.gov.cn/n1992130/n1992150/n1992500/3278058.html。

二、产业数据分析

自 2003 年中共中央办公厅 21 号文件提出要全面深化文化产业体制改革、原新闻出版总署下发《新闻出版体制改革试点工作实施方案》文件后,我国出版体制改革得以正式启动。尽管在改革过程中,改革步伐时快时慢,但市场化的改革方向始终未变。十年来,文化生产力得到了极大的释放,出版产业保持了较快的发展速度。2003 年全国图书出版总数高达 19.0 万种,其中新版图书 11.1 万种,重版重印图书 8.0 万种。2012 年,全国出版图书 41.4 万种,其中新版图书 24.2 万种,重版重印图书 17.2 万种。[①] 仅仅十年间,图书出版总量、新版图书和重版重印图书数量在 2003 年的历史高点上又分别增长 117.9%、118.0% 和 115.0%。由于从 2010 年起,我国新闻出版产业年度报告中的指标更为全面,如包括了营业收入、利润总额等经济类指标,因此下面以 2010—2012 年的相关数据做一简单说明(见表 2.1)。

表 2.1　2010—2012 年图书出版各项指标增长率(单位:%)

年份	2010	2011	2012
品种	8.8	12.5	12.0
总印数	1.4	7.5	2.6
总印张	6.9	4.7	5.1

---

① 数据来源:全国新闻出版统计网,http://www.ppsc.gov.cn/tjsj/(对原数据做了四舍五入处理)。

续表

年份	2010	2011	2012
定价总金额	9.8	13.6	11.3
营业收入	16.2	19.8	12.3
增加值	14.1	4.8	13.3
总产出	17.6	19.1	12.3
利润总额	3.1	22.2	22.3

数据来源：2010—2012年各年度新闻出版产业报告。

从表2.1可以看出，2010年至2012年的三年间，图书出版业各项指标的增长率皆为正，这充分说明了近几年行业连续保持了向上增长的态势。然而，从此表我们也能发现一个问题，即总印数、总印张的三年间总增长率（10.5%、10.0%）落后于图书品种、定价总金额（26.0%、26.4%）的增长率。将考察的时间区间延长，对2003—2012年十年间的这几组指标进行比较，会发现这一问题由来已久（见表2.2）。

表2.2 2003—2012年全国图书出版业主要指标数据

年份	2003	2004	2005	2006	2007	2008	2009	2010	2011	2012
出书种数（万种）	19.0	20.8	22.3	23.4	24.8	27.6	30.2	32.8	37.0	41.4
总印数（亿册）	66.7	64.1	64.7	64.1	62.9	69.4	70.4	71.7	77.1	79.3
总印张（亿张）	462.2	465.6	493.3	512.0	486.5	560.7	565.5	606.3	634.5	667.0
定价总金额（亿元）	561.8	592.9	632.3	649.1	676.7	791.4	848.0	936.0	1063.1	1183.4

数据来源：全国新闻出版统计网，http://www.ppsc.gov.cn/tjsj/（对原数据做了四舍五入处理）。

将表2.2中的数据进行年度增长率的计算后，可得到图2.1。从图2.1可以看出，2004—2012年间，出书种数增长率和定价总金

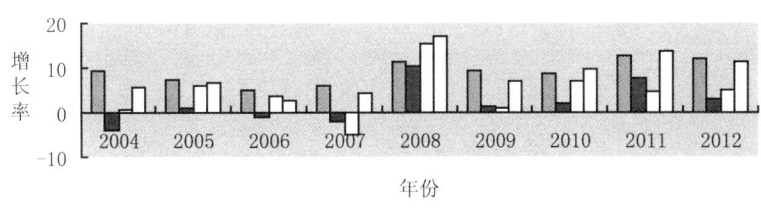

图 2.1 2004—2012 年各主要出版指标的增长变化

额、总印数和总印张这两组指标分别保持了较为一致的增长幅度。

根据表 2.2 可以测算出 2003—2012 年图书出版品种、总印数、总印张和定价总金额的十年总增长率分别为 117.4%、18.9%、44.3% 和 110.6%。这一结果更加清晰地反映了总印数和总印张增长率远远落后于图书品种和定价总金额增长率的行业现实，也向我们明确地传达了两个重要信息：一、图书的平均印数呈逐年递减趋势；二、定价总金额的攀升不是由印数而是由不断上涨的图书定价推动的。

通过以上数据分析，我们应该能够看出图书出版业已经表现出某些非健康发展的征兆，如图书品种的迅猛增长不但没有带动销售册数的大致同步增长，反而引起库存图书的大量积压。这几年，我国图书的账面存销比（库存与销售额的比例）一直高位运行，远远高于比较合适的比例。[①] 许多出版企业都感觉现在增长越来越困难，赚钱越来越不易。有人撰文指出，中国出版业已经

---

① 比较合适的图书存销比为 1∶1。2011 年，图书存销比为 1.77∶1（扣除 200 亿元左右的中小学教材）。——笔者注

面临"滞胀"的困境。① 尽管文章中的某些提法和结论还有待商榷,但总体而言,文章基本是对产业现状的真实反映,也是对中国出版产业飞速发展态势的一种理性思考,值得每一个出版人深思。

中国出版业的"滞胀"现象并不是最近才出现的。早在2005年,就有业内专家论述过出版业的"滞胀"问题,如巢峰的《中国图书出版业的滞胀现象》②、周蔚华的《也谈出版业的滞胀现象:从产业组织理论的视角看出版改革的症结所在》③等文。巢峰曾一针见血地指出:"我国出版业始终没有建立起既适应社会主义精神文明建设要求,又适应社会主义物质文明要求的市场经济体制。10年前如此,现在仍然如此。"④周蔚华运用结构—行为—绩效(SCP)的分析框架验证了巢峰所说的"滞胀"现象,并认为其"症结在于整个图书出版界在追求粗放型增长"⑤。两位学者的观点都可谓切中要害,也可谓振聋发聩。然而,为什么出版体制改革启动之初的问题,改革近十年之后依然存在?

《滞胀:中国出版业面临的困境》一文的作者将"滞胀"现象归结为"与产业化的导向有关"。其主要论点是,产业化要求人们用产业的标准来重塑中国出版业。它有两项核心的内涵,一是"规模

---

① 李昕:《滞胀:中国出版业面临的困境》,《现代出版》2013年第3期。
② 巢峰:《中国图书出版业的滞胀现象》,《中华读书报》2005年1月26日。
③ 周蔚华:《也谈出版业的滞胀现象:从产业组织理论的视角看出版改革的症结所在》,《中国出版》2005年第4期。
④ 巢峰:《中国图书出版业的滞胀现象》,《中华读书报》2005年1月26日。
⑤ 周蔚华:《从产业组织理论的视角看出版改革的症结所在》,《中国出版》2005年第4期。

化",指的是一定要达到一种被社会普遍认可的规模才可以被称之为产业化;二是"市场化",指的是一定要按照市场的原则来运作出版业。在这种导向下,各地出版社都不约而同地选择"做大做强"的发展模式。① 作者的观点有一定道理,但是忽略了两个最关键的问题:出版社"做大做强"是出于自身发展需要还是投政府所好?市场为何始终没有发挥纠错作用? 如果出版企业"做大做强"只是为了满足政府喜好,忽视自身利益或市场需求,说明当前的出版企业还不是能够自主经营的"市场主体";如果市场的纠错或检验机制无法发挥作用,长期背离市场需求的出版企业仍然有生存的空间,表明当前的出版市场机制还不完善。

三、企业案例剖析

企业是产业的微观基础,产业问题一般是企业问题的综合反映。下面将通过分析三个具体的企业案例来进一步说明产业的发展现状。②

案例1:中国文联出版社

中国文联出版社成立于1983年,是中国文联直属的出版社。该社属于全国大型综合性文艺出版社,出版领域较宽,既出版大型套书、马克思主义文艺理论与美学著作、中国当代及近现代文学作

---

① 李昕:《滞胀:中国出版业面临的困境》,《现代出版》2013年第3期。
② 案例1和案例2的内容及相关数据主要来自笔者的访谈,案例3的内容及相关数据主要来自企业的官网和年度报告。

品（包括港澳台及海外华文文学）、外国文学作品，也出版连环画与儿童读物、文化生活读物、美术、音乐、摄影、书法等艺术门类书籍及音像出版物。《平凡的世界》《白门柳》《北京人在纽约》等脍炙人口的作品都出自这家出版社。然而，由于许多复杂的原因，本该拥有较好品牌优势和资源优势的文联出版社却在改制前陷入入不敷出的困境。

2009年，文联出版社开始了改制之前的准备工作。该社本来不在国家设定的最初试点单位之列，但因为财政部对国家的试点单位有拨款，而这种资金上的支持，无论是对改制单位还是个人，都会减少改制带来的阵痛。经过主动争取，最后文联出版社成功挤进首批部委出版社改制试点单位。由于出版社资产为负，不能自转，所以出版社若要转企，必须找个"有钱的婆家"。至于出版社为何被评估为负资产，现在没有人能说得清。找"婆家"的具体事宜由中国文联全权运作，出版社无权参与。

2009年底，中国文联成立了改制办，由他们负责给出版社找"婆家"。在接洽了很多个省出版集团，先后找了29家单位商谈合作意向后，出版社最后划拨给了中国航空工业集团（以下简称中航集团）。中航集团以国有资产无偿划转的方式接受中国文联直属出版单位中国文联出版社、大众文艺出版社、中联影视中心经双方确认的全部资产、负债、人员和业务，以及中国文联音像出版社的全部人员，并将管理运营权交给了中航集团所属三级企业——中航文化股份有限公司。

中航集团是世界五百强之一,普通工作人员的年薪约20万元,中层人员的年薪可以达到30万元,领导层的年薪则高达百万元。中航文化也具有非常强的经济实力。当时,无论是社领导还是普通员工都认为,能够找到这么有实力的合作伙伴,是值得高兴的事情。重组伊始,双方都对未来发展充满期待。中航文化表示,将借此契机,调整结构、壮大实力,实现打造国内本土第一广告传媒的目标。中国文联认为,双方此次的资产重组战略合作将推动资本与资源成功对接,通过中央直属特大型国有企业跨行业重组文化企业,迈出文化体制改革中整合资源、优势互补的重要一步。

然而,随着出版社转企任务的完成,出版社及其每一个员工都陷入了比转企前更深的危机。转企改制后,中国文联出版社营业执照上的法定代表人并没有变,但它的经营却要听从中航指挥。文联出版社不但没有得到所谓世界五百强企业——中航集团一分钱的投资,更没有得到世界五百强的管理经验。重组后的关键过渡期内,出版社的具体经营无人负责,员工的月薪不足1000元,只有未转企前的三分之一。对于文联出版社的近百名普通员工,中航文化没有提供任何安置方案,只是表示:愿意过来的人可以过来做广告业务、办展会。这让出版社的员工感到非常愤怒和无望。为了保护自己的权益,文联出版社的员工不断信访。在有关各部门的多次协调下,出版社又离开中航集团回归中国文联。目前,出版社负债3000多万。2013年6月,原光明日报社社长被任命为文联出版社社长兼总编辑。面对这个烂摊子,新任社长只能从"负"做起,一步一步地理清本应三四年前转企改制时就应该捋清的头绪。

中国文联出版社的转企改制是非常失败的。对于这个比较极端的案例,有几个问题需要深思:一是文联出版社转企改制时为何被评估为负资产?这样失实的评估结果为何没有相关负责人提出质疑?二是中航集团接收文联出版社后对其发展并不重视,文联出版社对于财大气粗的中航集团而言其实是否可有可无?三是这种行政捏合的重组到底有多少理性的成分?四是有可能成为"跨行业重组旗帜"的转企以如此尴尬的方式收场,谁该对此负责?

案例2:中华工商联合出版社

中华工商联合出版社成立于1993年,由中华全国工商业联合会主办主管。和其他财力雄厚的主办主管部门相比,中华全国工商业联合会属于清水衙门,不能为出版社提供有力的资金或资源支持。虽然出版社曾在1996年推出了当时享誉全国的超级畅销书——《中国人可以说不》,并创下了300万册销量的神话,但是十多年后,这家出版社负债却高达1000多万。由于长期拖欠纸张、印刷和排版等费用,以及作者因不能及时收到稿费而纷纷离去,出版社的运转已基本陷入停滞状态,当时员工的平均月工资只有1800元左右,远远低于出版业的平均工资水平。2009年,中华工商联合出版社被吉林出版集团重组,吉林出版集团占51%的股份,实现绝对控股。重组后,出版社更名为中华工商联合出版有限公司,注册资金3400万。在吉林出版集团派来的新社长的带领下,出版社重新调整出版方向,确立了"高端低做、低端精做"的出版理念。同年,出版社就引进出版了《大趋势》和《货币战争 2》两本畅销书,取得了很好的市场回报。改制两年后,出版社就还清了 1 000 多万元的债务。最近几年,出版社基本处于稳步增长阶段,只是增速已经明显放缓。

与中国文联出版社相比,中华工商联合出版社的转企改制是比较成功的,因为转企改制确实让出版社起"死"回生,出版社的员工也同样收获了改革的红利。如上所述,转企改制前,出版社的资金已经完全断裂,基本上靠卖书号给员工发工资。当时,出版社每年大约能分配到 100 个书号,每位编辑只要完成 8 万元的书号费(每个书号大约 1.5 万元),就算完成了基本任务。表 2.3 中 2008 年 800 万的图书码洋就是这样算出来的。事实证明,兼并重组确实挽救了即将资不抵债的联合出版社,并给它注入了发展活力。2009 年重组后,出版社的年图书发行码洋基本保持年年增长(见表 2.3),员工的平均工资也有了大幅提高,由过去的每月不足 2000 元增长到现在的 4 000 多元。

表 2.3　2008—2013 年中华工商联合出版社图书年发行码洋

年份	2008	2009	2010	2011	2012	2013
发行码洋(万元)	800	2 400	3 200	4 500	6 600	5 500

数据来源:笔者调研。

中华工商联合出版社被吉林出版集团重组颇有戏剧性。原本出版社已经与江苏凤凰出版集团谈好重组事宜,并约定出版社和凤凰集团在重组后的公司中各占70%和30%的股份。就在两家准备正式签订协议前,由吉林省调任中华全国工商业联合会的第一党组副书记知道此事后,决定取消原来的重组计划,由吉林出版集团来重组出版社。重组的两个主要条件是,新公司由吉林出版集团51%绝对控股,出版社原来的负债原额计入新公司。也就是说,此次重组完全是由行政力量主导的,并不是两个相关企业间的自愿选择,这为公司制改造埋下了几个隐患。第一,董事会形同虚设。重组后的公司建立了相应的公司治理结构:总经理由吉林出版集团派遣,董事长和总编由中华全国工商业联合会任命,由这三人组成公司董事会。虽然董事会中只有一名吉林出版集团派来的人,但是公司决策权在其一人手中,董事会事实上只是个摆设。第二,决策者的利益没有与公司利益捆绑在一起。由吉林出版集团派来的总经理不在公司支薪,且行政职务保留在出版集团。这意味着,总经理的个人利益与公司利益无任何相关性。自公司重组以来的五年间,集团已经先后派出了三名总经理。这些总经理也确实给公司带来了先进的经营管理理念,但由于他们都不在公司长期任职,而且个人收益也与公司无关,因此他们不太可能真正关心公司的长期发展。事实上,公司更像是吉林出版集团干部增加任职履历的一个"行政部门"。在公司干过一段时间重回集团后,被派遣的干部都会得到不同程度的提拔,如由某个社的社长升为集团的副总经理。

吉林出版集团派来的一把手的主要任务是负责集团资产的保值、增值,而其他中高层更希望开拓新的利润增长领域,以便提高他们自己和员工的经济收入。在决策权集中在一个人手中的情况下,其他中高层的良好建议也无法通过正常的公司治理机制获得采纳。更为关键的是,虽然公司49%的股份原则上由财政部履行出资人职责,但实际上这部分资产是无人过问的。在经历了几年快速增长后,公司开始进入增长的迷茫期。

案例3:辽宁出版传媒股份有限公司

2000年1月,经中央宣传部、原国家新闻出版总署和辽宁省委、省政府批准,辽宁出版集团与原行政管理机关——辽宁省新闻出版局脱钩,成立了辽宁出版集团有限公司,并获得国有资产经营的授权。2000年3月,公司正式挂牌运营,被中央宣传部、原国家新闻出版总署列为全国出版改革试点单位。2003年6月,辽宁出版集团又被列为中央文化体制改革试点单位。

2006年8月,在中宣部、原国家新闻出版总署、中国证监会和辽宁省委、省政府的大力支持和帮助下,集团按上市要求,重组改制成立了辽宁出版传媒股份有限公司,快速运作并打造了全国出版业第一家将编辑业务打包上市的出版传媒公司。2007年12月21日,出版传媒在上海证券交易所挂牌上市。虽然出版传媒的内容上市也不是一步到位的,但对未来出版企业的整体上市具有很强的示范意义。目前,除了辽宁人民、辽宁教育、辽宁民族等出版社未上市外,辽宁少儿、春风文艺、辽宁音像等已经通过增发和收购的方式并入了上市公司。事实上,由于教育出版社是地方出版集团的利润大户,许多地方出版集团的二级企业上市时都没有将教育出版社放入上市公司中。

公司作为中央文化体制改革试点,成功打造了"中国出版传媒第一股",上市后也表现出较好的发展势头。在中宣部、原国家新闻出版总署和辽宁省委、省政府以及辽宁省文化体制改革工作领导小组的大力支持下,为认真贯彻落实党的十七大提出的加快文化产业基地和区域性特色文化产业群建设,培育大型文化产业骨干企业和战略投资者的要求,加快做大做强,公司于2009年1月更名为"北方联合出版传媒(集团)股份有限公司"。这标志着北方联合出版传媒要通过跨地区、跨行业、跨媒体、跨所有制迈入打造出版产业"航母"的全新发展阶段。据知情人透露,公司更名的更深层含义是以上市公司为平台,对北方特别是东北地区的出版资源进行整合。

然而,由于存在许多复杂的因素,特别是地区壁垒,更名后的辽宁出版传媒并没有在以上几个方面取得重大突破或预期收益。在跨地区发展方面,2009年8月25号,北方联合出版传媒(集团)股份有限公司和内蒙古新华发行集团签署了跨地区互利双赢《合作实施协议》,但始终没有上升到资本合作的层面。在跨所有制发展方面,北方联合出版传媒的子公司万卷出版分别与民营出版人李克、路金波合作成立了注册资本为2 040万元、2 000万元的智品书业、万榕书业,万卷出版在这两家公司各占51%的股份。通过与民营出版工作室合作,万卷公司旗下拥有了韩寒、安妮宝贝、石康等一批知名青年作者,出版了一大批发行量在10万册以上的畅销书,曾一度占据全国青春文学图书市场18%的份额,一举跃居细分市场前三位。然而,好景不长,出版传媒在2011年年度报告中指出:报告期一般图书营业收入、营业成本同比下降的原因,主要是公司旗下万卷出版公司所属智品书业公司和辽宁万榕书业公司生产规模缩减,以及公司旗下新华书店北方图书城受营业场所搬迁影响销售下降。2012年6月3日,出版传媒发布公告,万榕书业的第一期经营已经结束,没有实现预期目标。目前,出版传媒在智品书业和万榕书业的表决权比例和股份比例为100%,这说明万卷出版与民营出版的合作已经终止。目前,在出版传媒的所属公司中,只有北京时代辽科图书一家合资公司。

出版传媒不仅在跨行业、跨所有制发展方面作为不大,而且近几年的发展速度也明显降了下来,业绩在所有出版类上市公司的表现基本是倒数的。下面仅以盈利能力和成长能力两个方面的指标作简单说明。盈利能力反映企业获取利润的能力,其中最重要的两个指标是净资产收益率和销售净利率。净资产收益率是净利润比平均股东收益,考量的是上市公司股东权益的收益水平。指数越高,股东投资收益越多。销售净利率指标反映每一元销售收入带来的净利润的多少,表示的是销售收入的收益水平。成长能力主要指上市公司未来发展趋势和速度,综合全面地反映了公司未来的竞争力和发展前景。其中最具代表性的指标是主营业务收入增长率和净利润增长率。在上述几个重要指标上，出版传媒都表现出下降的发展态势（见表2.4）。

表2.4　2009—2012年出版传媒主要经营数据（单位：%）

年份	2009	2010	2011	2012
加权净资产收益率	9.14	8.51	4.19	4.06
销售净利率	——	9.78	4.89	5.37
净利润增长率	13.95	0.41	−47.95	0.28
主营业务增长率	9.52	2.48	4.86	−10.11

数据来源：上市公司年度报告（对原数据做了四舍五入处理）。

和出版单位的转企改制一样，出版传媒的上市也主要是由政府推动的。尽管如此，作为改革试点，出版传媒的上市还是非常有意义的，至少证明了出版和资本之间的相融性。除此之外，透过出版传媒近几年的上市表现，还能得出以下两点认识。首先，文化是一个长期积累的过程，这决定了以内容为本的出版企业不可能保持连续多年的快速增长。因此，关于出版社的转企改制，不能只看表面现象，而要深入研究其本质。这几年出版产业快速增长的喜人数据可能掩盖了一些发展中的问题。其次，上市并不能完成打造"出版航母"的国家任务，出版企业的做大做强还需要比推动上市更深层次的改革配套方案。

上述三个案例分别从不同侧面反映了出版社转企改制的成绩和问题。虽然每个案例各有特色，但都说明了一个问题，即已经完成转企改制任务的出版企业还不是市场经济要求的现代企业，其自身内部建设和外部发展环境都亟须转变,否则由非规范出版企业构成的出版产业还将面临更深的发展困境。

在体制转轨过程中,出版企业和出版市场这两种基本制度只有协同改革,才能互相补充实现最佳的资源配置。因此,下一节将从企业和市场两个角度出发,剖析出版企业改革过程中的主要问题及原因。

第二节 当前出版企业存在的主要问题及原因

一、产权改革不到位,现代企业制度不完善

产权制度是现代企业非常重要的制度之一。科斯(Coase)认为,产权安排、交易费用和资源配置之间存在着内在的联系。明确的产权可以为主体提供激励,促使其想方设法降低成本、精简机构,在生产运营中避免高成本的资源而趋向于使用成本较低的资源,同时在持续的产品创新、技术创新过程中开拓市场,满足消费者的需要,并避免外部性问题的产生。产权改革是我国出版体制改革的逻辑起点,也是经营性出版单位转企改制的重要内容。

在计划经济体制下,政府对出版社的管理主要是通过行政手段实现的,即每个出版社都有一个主办单位和主管部门履行领导和监督责任。例如,地方出版社由当地新闻出版管理部门主办主管,大学出版社由所在大学主办,教育部、其他部委或各省市教育

行政部门主管,部委出版社由中央直属单位主办主管等。转企后,出版社要塑造为市场主体,就要摆脱部门所有,和原来的主办主管单位脱钩。在当前的制度设计中,脱钩并不意味着出版社和原上级单位一拍两散,而是通过产权改革,将出版社的传统所有权转变成股权和公司法人权利,以主办主管制度体现的国家与出版社的关系由原来的行政隶属关系变为公司股东与经营者的关系。

出版单位的转企改制实际上分为三个步骤:第一步是转企。20世纪80年代中期,所有出版单位开始正式实行"事业单位,企业化管理"的经营模式。自筹自支经营模式的落地,使得大多数出版社开始由计划轨道切入市场轨道,并逐渐转向围绕市场组织生产和经营。正式启动于2003年的出版体制改革则彻底将经营性出版单位全面推向市场,完成"去事业化"改革的经营性出版单位一律成为法律意义上的市场主体。第二步是改制。所谓改制,就是对国有企业进行产权主体多元化的股份制改造。经过多年的摸索,我国国有企业在市场经济中最主要的表现形式是公有制为主体的股份制。遵循国有企业的改制路径,出版单位转成企业身份后,通常要改变产权主体单一的产权结构。第三步是实现公司制治理。所谓公司制治理是指在完善公司治理结构的基础上,形成高效的公司治理机制和规范的公司治理行为。其中,第一步重点解决的是出版单位法人资格问题,也即出版单位进入市场的问题。只有具备了进入市场的资格,生产、消费和流通等环节才有可能规范和顺畅。第二步和第三步着力解决的是建立现代企业制度的问题。

所谓现代企业制度,就是在发达的市场经济条件下形成的现代公司制。现代公司制有两个基本特征:一是实行公司法人制度,即公司是建立在法人财产制度基础上的法人组织;二是所有权和经营权的分离,即公司高层管理人员不再由大股东充当,公司主要高薪聘请经营专家进行治理。根据我国国有企业在市场经济条件下的内部和外部管理问题,十四届三中全会《中共中央关于建立社会主义市场经济体制若干问题的决定》把现代企业制度的基本特征概括为"产权清晰、权责明确、政企分开、管理科学"。其中,产权清晰是基础;权责明确是产权清晰派生、延伸出来的内容和要求;只有做到产权清晰、权责明确,政企才有可能分开;政企实现分开,企业才能真正独立,企业内部的科学管理也就有了法律、法规依据和良好的外部环境。总言之,现代企业制度最主要的特征是"产权明晰",最重要的目的是"政企分开"。

但是,由于对产权改革重要性的忽视以及制度上的制约,出版企业的产权改革始终没有真正到位,主要表现为股份制改造迟缓和国有股"一股独大"两个方面的问题。

(一)股份制改造迟缓

我国出版企业的公司制改造沿袭的是大中型国有企业改革的思路,即在国家权力执行机构、国有资产经营公司、出版企业之间形成多级委托代理关系,国家作为委托人拥有所有权,公司作为独立的法人拥有财产权,从而让国有产权的归属明晰、合理。出版企业的国有产权委托链条表现为：国务院经中央政府或地方政府通过信任委托制将国有产权委托给国有资产授权经营机构（即出版集团总公司、高校资产管理有限公司或中央各单位各部门），再由国有资产授权经营机构按照委托—代理制，以出资人身份向其投资的出版企业派驻董事、监事、财务总监等产权代表。出版企业国有资产的委托体系存在的问题是：代理链条过长，责任主体过多，行政性太强，而各级委托者之间由于国有产权代表的选拔委派制度、激励约束制度和考核监督制度建设滞后，并非是责权利对称、互为约束的关系，导致了出版企业产权关系的软化、虚设和模糊等现象，容易造成"多头管理，无人负责"的"所有者缺位"，以及国有产权在经济运行过程中的不清晰等问题。

为了解决国有产权的"所有者缺位"及实际运行过程中的不清晰问题，出版企业首先要打破单一的产权结构，进行产权多元化的股份制改造。即便各个产权都为国家所有，各投资主体对自身利益的关注，也能在一定程度上化解国有独资公司的一些管理弊端。例如，大学出版社进行产权多元化的股份制改造后，社长严格依据董事会的决议来管理出版社，从而避免校级领导越权干预或自己独断专行等问题。然而，从目前出版企业的股份制改造情况来看，绝大多数出版企业都还保持着单一的产权结构，如大学出版社由所属高校独资经营，地方出版集团由当地政府全资所有。

(二)"一股独大"问题严重

我国出版产权制度改革受启动时间较晚及意识形态束缚等因素的影响,国有股"一股独大"的问题尤为严重,出版企业的公司制改造离现代企业的要求相距甚远。

一般而言,"一股独大"是指某一股东占据公司股份51%以上,从而处于绝对控股地位。绝对控股下的"一股独大"容易产生许多弊端,比如大股东随意侵占小股东利益、完全控制公司经营等。在西方的市场经济中,极少存在绝对控股下的"一股独大"现象。我国国有企业进行股份制改造,除了引入战略投资者、筹集更多资金、扩大企业规模的目的之外,还有降低国家持股比例的积极作用。然而,当前出版企业的国有股远远高于一般意义上的绝对控股比例,与股改目的存在较大偏差。下面以较早开展股份制改造的出版集团为例,说明出版企业"一股独大"的问题。地方出版集团公司一般由地方政府100%控股,一些集团内的二级企业为了上市,不得不根据《证券法》的有关规定进行股份制改造,由国有独资公司变成股份有限公司以满足上市要求。相对而言,上市出版企业的股权结构相对多元和分散,但出版集团母公司对上市子公司的持股比例仍然很高(见表2.5)。

表 2.5 出版类上市公司大股东持股情况一览

出版企业	控股股东	实际控制人	实际控制人持股比例
凤凰传媒	江苏凤凰出版传媒集团有限公司	江苏省人民政府(持有江苏凤凰出版传媒集团有限公司比例:100.00%)	72.10%
中南传媒	湖南出版投资控股集团有限公司	湖南省人民政府(持有湖南出版投资控股集团有限公司比例:100.00%)	64.69%
中文传媒	江西省出版集团公司	江西省人民政府(持有江西省出版集团公司比例:100.00%)	74.00%
时代出版	安徽出版集团有限责任公司	安徽省人民政府(持有安徽出版集团有限责任公司比例:100.00%)	57.08%
大地传媒	中原出版传媒投资控股集团有限公司	河南省人民政府国有资产监督管理委员会(持有中原出版传媒投资控股集团有限公司比例:100.00%)	75.78%
长江传媒	湖北长江出版传媒集团有限公司	湖北省财政厅(持有湖北长江出版传媒集团有限公司比例:100.00%)	58.49%
出版传媒	辽宁出版集团有限公司	辽宁省人民政府(持有辽宁出版集团有限公司比例:100.00%)	73.14%
皖新传媒	安徽新华发行(集团)控股有限公司	安徽省人民政府(持有安徽新华发行(集团)控股有限公司比例:100.00%)	75.40%

数据来源:上市公司 2012 年财务报表。

经计算,以上八家出版传媒集团母公司对上市子公司的平均持股比例约为 68%。由于上市出版企业的战略投资者基本以国有企业为主,因此其国有共股的比例要更高。许多出版集团对子公司的持股比例更是高达90%以上。相对出版集团而言,单体出版企业的"一股独大"问题更为严重。绝大多数单体出版企业都还没有进行股份制改造,只有国家这个唯一的所有者。公司制存在的意义是不同的所有者能够借助股东大会机制来协调彼此之间的利益和矛盾,进而形成一个独立于所有者意志的统一的公司,而出版企业股权完全或高度集中于国有股的股权结构,一方面易导致政府权力凭借大股东地位过多地介入企业经营,另一方面又造成没有人能够从所有者的角度真正关心出版企业国有资产保值增值的现实问题。上述两方面看似背离实则同源的问题使得出版企业的公司制改造流于形式,这也是当前许多出版企业不重视公司治理的根本原因。

(三)产权改革不到位导致公司治理不完善

做一个符合市场经济要求的规范公司制企业,首先要按照公司法要求,完善公司治理结构。公司治理结构的本质是一套制度安排,以实现对内部人的控制、监督、激励和约束。公司治理结构通常采用"三权分立"制度,即决策权、经营管理权、监督权分属于股东会、董事会或执行董事、监事会,通过三方权力的制衡,使其各司其职,又相互制约,保证公司的顺利运行。要完善公司治理结构,就要明确划分股东、董事会、监事会各自的权力、责任和利益,从而形成各方之间的制衡关系。只有公司治理结构完善,企业才有可能履行好对股东的相应责任。如果股东、董事会和监事会之间不能形成合理的制衡关系,公司治理的有效性就无法得到基本的保障,股东也就很难获得相应的收益,这已经被几百年的企业发展历史所证明。然而,由于产权主体的单一性、国有股"一股独大"、出版业特有的党政化色彩以及对公司治理结构作用的忽视,出版集团和单体出版企业在公司治理上都存在着不完善之处。

1. 出版集团

出版集团的产权结构主要是国有独资和国有多元两种,其中国有独资占了绝大多数,例如北京出版集团有限公司是北京市政府出资的国有独资公司,中国出版集团公司取得了国务院的授权,对所属成员单位占用的经营性国有资产行使出资人权利,依法经营、管理和监督所属成员单位的经营性国有资产,承担保值增值责任。当前,出版集团在公司法人治理结构上存在的主要问题有:一是国有独资的出版集团缺乏决策机构。根据我国《公司法》的相关规定,由各级政府100%控股的出版集团属于国有独资公司,可以不设股东会,由各级国有资产监督管理机构行使股东会职权,并授予董事会行使股东会的部分职权。这就在制度安排上导致决策权和经营管理权在一定程度上重叠。二是党委会控制了董事会和监事会。许多出版集团董事会成员基本上是由党委委员兼任,监事会主席一般由纪委书记兼任。例如,在广东出版集团有限公司的公司治理结构中,六名董事会成员全部由党委书记、党委副书记和党委委员兼任,监事会主席则由纪委书记和党委委员兼任。① 三是董事会、监事会不健全,只设置董事长、监事会主席职位,没有董事会和监事会的具体成员。例如,北京出版集团有限责任公司只设立了监事长,未设立监事。② 四是董事会、经理层职责权限不明确。一种情况是董事长与经理人之间没有明确的权力划分。如果董事长强势,总经理就扮演一个常务副总的角色;如果总经理强势,他就能够起到半个董事长的作用。另一种情况是董事长、总经理由一人兼任或者董事会与经理层"一套人马",决策权和执行权高度重合。作为股东的受托人,董事与股东之间是信任托管关系。除了在股东大会闭会期间行使最高决策职能外,董事会还具有对执行层进行制约的功能,以保障股东的合法权益。然而,决策权和执行权的高度重合会导致股东对董事的信任托管关系、决策层对执行层的制约机制虚化,大大降低了董事会的功能。上述现象反映了当前出版集团公司治理结构的形式化、行政治理思维依然在公司治理中占主导。

由于受《证券法》的约束,出版集团的上市子公司在法人治理结构方面要相对规范,但也存在一些问题:其一,集团公司和股份公司的管理层基本上是一套班子,这虽然有利于机构人员的精简,但也在一定程度上注定了上市公司与集团母公司之间不可避免的关联交易和利益输送;同时,这种组织安排意味着上市公司董事

---

① 参见广东出版集团官网,http://www.gdpg.com.cn。
② 参见北京出版集团官网,http://www.bph.com.cn。

会、监事会、经营管理层也基本上由政府主管部门任命,由党委委员兼任,其可能导致的后果依然是权力的高度集中。这对处于复杂市场环境和激烈市场竞争中的上市出版企业而言是有较大经营风险的。例如,江西出版集团公司党委书记兼董事长、党委副书记兼总经理分别是中文天地出版传媒股份有限公司的董事长、副董事长,集团母公司董事会八名成员也全部在上市公司董事会任职。① 其二,外部监督缺位也是上市出版企业的一大问题。对于上市出版企业而言,由于国有股"一股独大",在二级市场上购买了股票的小股民,存在与大股东信息不对称的劣势,根本无法对公司的日常运营进行监督,因此上市出版企业基本上仍处于一种封闭的运行系统中,缺少外部监督。其三,在国有股"一股独大"的情况下,独立董事是否能够坚持自己的独立判断,履行"维护公司整体利益,尤其要关注中小股东的合法权益不受损害"的职责也令人怀疑。笔者在调研过程中发现,上市出版企业的独立董事很少能对出版企业的重大决策建言。

2. 大学出版社

大学出版社的公司制改造也存在诸多问题。首先是产权归属导致的问题。在转企改制过程中,根据相关政策,事业体制的高校不能以事业单位法人的身份直接办企业,需要成立资产经营公司来管理高校的各类企业。按照教育部的相关规定,高校资产公司

---

① 参见江西出版集团官网,http://www.jxpp.com。

必须在资产、管理等方面与学校划分清楚,真正起到设立"防火墙"的作用。自2007年高校开始陆续成立资产管理公司以来,大学出版社和一般校办企业的出资人就同属于学校资产经营公司。这种做法自然有一定的合理性,但由于没有考虑到大学出版社与一般出版社的不同,因此也产生了一系列问题和矛盾:其一,除了北大、清华和人大等少数名校拥有优质的校办企业外,目前划归高校资产经营有限公司的,一般都是不良资产,很多校办企业处于亏损状态。出版社在这样的"母公司"里算是"利润大户",资产很有可能被随意挤占、挪用甚至抵押。其二,有些高校的资产经营有限公司,与出版社资产相比,大多数资产较小,通常只相当于出版社资产的十分之一或几十分之一。如果出版社现有的激励机制向高校资产经营有限公司靠拢,必然会影响出版社员工的积极性。其三,分管高校出版社的校领导也相应发生了变化。教育部在《关于做好2009年度直属高校产业工作的意见》中明确规定:各校分管产业工作的校级领导可以担任学校资产公司董事长,其他校级领导原则上应逐步撤出在资产公司的兼职。高校出版社一般下辖于分管教学的副校长,而高校资产经营有限公司根据以上规定则受分管学校资产的副校长领导。《教育部关于积极发展、规范管理高校科技产业的指导意见》(教技发〔2005〕2号)规定,高校资产经营有限公司有权委派董事会、监事会成员,并可以参与企业的资产受益、重大决策、选择管理者等。这意味着出版社可能要经历重大管理权力移交所引发的震动。①

其次是大学出版社没有独立法人财产权的问题。大学出版社相当于事业体制下辖的"企业",没有脱离我国高校普遍存在的"校办企业"体制。大学出版社作为产权代表的企业法人只有经营权,没有法人财产权和收益权。而作为现代公司,每个企业都应该拥有与投资者相分离的、由企业集中占有并经法律界定的法人财产权,而不是一个没有自己独立财产的国有资产经营者。现代公司制企业与传统国有企业的根本区别就在于前者拥有独立的法人财产权,而大学出版社财产的真正支配权却在学校。

最后是大学出版社公司治理结构不完善的问题。目前多数大学出版社还没有进行股份制改造,属于《公司法》中定义的一人有限责任公司。根据该法律的相关规定,一人有限责任公司不设股东会。因此,大学出版社也不具备股东会这层组织结构,董事不可能经由股东选拔产生,于是出现"拉郎配"式的董事会组建方式,即由上级单位相关职能部门负责人充任董事,如大学出版社董事多来自学校统战部、财务处、国资处、产业处等职能处室。这些董事会成员无法直接对国有资产负责,不能有效代表出资人行使权利、维护出资人的权益,造成出资人责任的虚化。此外,作为高校的"二级"单位,大学出版社在董事长设立、企业法人等诸多实践环节上,也问题颇多。《教育部关于积极发展、规范管理高校科技产业

---

① 蔡翔、李葚:《公司治理结构:当前大学出版社面临的问题与路径选择》,《现代出版》2011年第4期。

的指导意见》(教技发〔2005〕2号)规定:"高校设立高校资产公司后,校级领导除在高校资产公司兼职外,一律不得在高校控、参股企业中兼职,校级领导在高校资产公司兼职不得领取薪酬。"这样,就需要对转企后的大学出版社明确以下问题:谁来担任出版社的董事长?董事长是否与总经理(即大学出版社社长)分离?企业法人代表应由董事长还是总经理担任?

3.部委出版社

部委出版社转企较晚,直至2010年10月才完全解决出资人的问题。根据财政部《中央各部门各单位出版社出资人名单的通知》,中央各部门各单位出版社出资人依据如下两条原则确定:凡原主管单位为党政机关、民主党派、人民团体、行业协会、社会团体的出版社,由财政部代表国务院履行出资人职责;凡原主管单位为事业单位、中央企业的出版社,授权原主管单位作为出资人。如机械工业出版社、中华工商联合出版社有限责任公司的出资人为财政部,中信出版股份有限公司、经济管理出版社的出资人分别为中信集团公司和中国社会科学院。根据这两条原则,部委出版社的出资人主要为财政部。目前,财政部负责管理120家部委出版社的经营性资产。但由于部委出版社并未与原主办主管单位"脱钩",主管单位仍然掌握着部委出版社重要干部的任免权、重大事项的决定权和宣传内容的终审权。即便某些部委出版社已经建立起公司治理结构,但董事会成员仍由上级机关委派,行政力量介入企业具体经营的程度更深,"党企不分""政企不分"的现象也更为严重。

无论是出版集团还是单体出版企业,公司治理还存在着重制衡、轻激励的倾向。激励与约束是公司治理不可分割的矛盾统一体,缺乏激励的公司治理是不完整的。在其他行业的国有企业改革实践中,公司治理缺乏合理利益结构的现象也普遍存在。由于孤立地强调维护所有者利益,忽视对经营者与职工,特别是经营者的激励,企业创新动力有限,发展后劲不足,经营低效,最终影响到股东收益和企业的长远发展。出版企业与其他国有企业一样,目前主要以短期激励为主,例如年度奖金和分红等形式,而股权与期权等长期激励方式亟待形成。长短失衡的激励机制比较容易助长企业内部的短期行为,不利于出版企业的长期健康发展。

综上所述,由于产权改革不到位,无论出版集团及其上市公司,还是大学出版社、部委出版社,都存在着产权主体单一及国有股"一股独大"的问题,导致出版企业无法在"产权清晰"的基础上做到"政企分开",建立起完善的现代企业制度,实现现代公司治理。如果出版企业始终无法解决产权主体单一,特别是国有股"一股独大"的问题,那么出版企业的公司制改造就将流于形式,出版企业也极难成为"管理科学"的市场竞争主体。

二、市场存壁垒,企业竞争不充分

市场是人们自愿交易产品和服务的地方。交易双方依照自己的合理判断去行事、根据自己的头脑去思考,从而形成他们关于如何通过市场交易获取收益的理性认识。在此过程中,竞争过程和竞争结果自然地产生。这个简单的事实解释了竞争与市场之间的一种必然关系:有市场必然有竞争。然而由于各种复杂原因,市场不是无限大的,不同的市场有着不一样的边界,如国内市场和国际市场。即便是国内市场,也会因为政府正当或不正当的介入,存在着市场被划分为块的情形。一般情况下,市场的边界越大,竞争越充分,通过市场交易过程形成的竞争力就会越强。在一个市场空间狭小、行政保护过度的经济中,竞争会受到严重的抑制。那些能够进入市场的企业,其拥有的特定市场准入权、特殊自然资源或与政府的特殊关系,都可以形成其竞争力。但当市场放开、竞争比较充分之后,这样的竞争力就很容易消失。

新中国成立后建立的出版市场,一直是政府划定的,即政府拥有决定哪家出版社可以进入这个市场的权力。相对于欧美国家以及民国时期的出版市场而言,我国现在的出版市场比较封闭,竞争也不够充分。转企前有相当数量的出版社,一部分主要依靠教材教辅,一部分依靠与民营图书公司合作,或自费出版缴纳的书号费维持生计,而主要依靠市场来培养自己竞争能力的出版社屈指可数。一些综合实力较强的出版社也主要是依靠政府分配的出版资源。观察我国历年图书出版单位综合实力排名榜可以发现,排在前几位的出版社主要依赖教材教辅,如人民教育出版社、高等教育出版社、外语教学与研究出版社、江苏教育出版社等。这些出版社都拥有政府指定的出版市场,比如中小学教材教辅、高校的国家规划教材、行业指定考试或培训性用书等。转企后,许多出版社都意识到应该尽快转变取胜之道,将主要依靠政府的盈利模式转变为依靠市场建立竞争优势。然而,我国长期施行的传统出版管理制度已经筑成了多种市场壁垒,这些壁垒将本应该更统一开放的出版市场封闭化、条块化,限制了市场竞争和出版企业的发展空间。

(一)地区壁垒

新中国出版业一直采取的是地区均衡发展战略。改革开放前,除北京、上海外,每个省市基本上只有一个人民出版社。改革开放后,除了中央级出版社和上海的出版社外,每个地区①出版社数量占全国出版社总数的比例大体在 6%－14% 之间,每个省的出版社数量也在 6－14 个之间。而且,各个省市的出版社性质基本相同,大体上包括人民、科技、教育、古籍、少儿和大学这几类出版社。每个省相同类别的出版社规模都大体相当。其中,教育社因承担教育出版任务,规模最大,少儿类次之,古籍类偏小。在大学出版社中,师范类的规模相对大一些。② 地方出版社被限制在本地区开展出版业务,不能与中央级出版社的选题雷同,也不能"不和兄弟出版社商量,径自向外省约稿"③。

20 世纪 70 年代末,地方出版社得以突破"地方化、通俗化、群

---

① 指东北、华北、华东(除上海)、中南、西南、西北六个地区。
② 周蔚华:《出版产业散论》,复旦大学出版社 2009 年版,第 41—42 页。
③ 《出版工作文件选编(1949—1957)》,文化部出版事业管理局办公室 1982 年版,第 106 页。

众化"的"三化"方针,基本上可以在全国范围内开展出版活动。"三化"方针的实施也促成了出版业在20世纪80年代的繁荣。但是,按地区均衡发展出版业的出版管理模式以及地方政府发展本地经济的动机,在客观上形成了我国出版市场的地区壁垒,导致以行政区域为界的出版市场分割。譬如,作为我国出版业核心资源和重要利润来源的教育出版(主要是中小学教材和教辅),基本上是按行政区划各自垄断的。各地区受教育的中小学人数决定了这种资源的大小,从而会产生一些经济不发达地区,其出版收益远远超过经济文化发达地区的情况。在发行方面,这种区域市场分割就表现得更为突出。各地的行政主管部门为了保护当地的出版企业,往往采取地区封锁、市场封闭等手段,排斥其他地区的出版物进入本地图书市场。在传统出版体制下,各省、地、市、县均设有自己的新华书店。省一级的新华书店就自然成为本省内的发行中盘,各省之间少有往来。近十年来,政府推动的集团化建设取得了很大的成绩,以出版传媒旗舰为一翼的出版格局正在形成。然而,不可否认,以整合出版资源、提升产业集中度为初衷的各地出版传媒集团的组建也进一步加剧了区域分割。这是因为,地方出版集团的体量更为庞大,也与地方政府的利益关系更为紧密,从而进一步增强了地区壁垒。而且,各地组建出版集团时,基本上都把发行企业"收编"进来。作为利益共同体,发行企业首先要完成集团内本版图书的发行任务。由于缺乏统一开放的发行渠道,外版图书很难进入当地图书市场。我们可以通过上市出版企业的地区销售情况了解出版市场严重的地区壁垒问题(见表2.6)。

表2.6 2012年部分上市出版企业地区销售情况

出版企业	公司所属行政区域	销售地区	地区销售额占业务收入比例①
凤凰传媒	江苏	江苏省	出版行业26.72%；发行行业80.64%；其他行业0.53%
		海南省②	出版行业0.58%；发行行业4.22%；其他行业0.19%
		其他地区	出版行业9.73%；发行行业3.55%；其他行业0.63%
中南传媒	湖南	湖南省内	79.18%
		湖南省外	18.68%
时代出版	安徽	安徽省内	86.85%
		安徽省外	12.01%
长江传媒	湖北	湖北省内	64.56%
		湖北省外	31.86%
出版传媒	辽宁	辽宁省内	62.63%
		辽宁省外	33.55%
新华传媒	上海	上海	95.48%
		江苏	0.05%
		其他地区	0.18%
皖新传媒	安徽	安徽省内	95.25%
		安徽省外	2.60%

数据来源：2012年上市公司年度财务报表。

① 在上述公司中，只有凤凰传媒的年度报告对业务进行了出版、发行和其他行业的分别统计。其他公司的省内省外销售构成也主要包括出版、发行和其他业务，但具体构成比例不详。

② 2008年江苏凤凰出版传媒集团旗下的江苏省新华发行集团重组海南省新华书店集团公司，成立海南凤凰新华发行有限公司。

从表2.6可以看出,上市出版企业在省外的销售额在其业务收入中占较小的比例,如时代出版在安徽省外的销售仅为12.01%。为了解决在本行政区域外没有发行渠道的问题,许多出版集团不得不投资建设省外发行渠道。有研究人员曾对中南传媒、天舟文化、中文传媒、新华传媒、出版传媒、时代出版、皖新传媒七家上市出版企业的募集资金投向进行过跟踪。研究发现,这几家上市公司投向渠道建设资金占募集资金比例的70%以上,只有少部分资金投入内容策划业务。[1] 地区壁垒是导致上市出版企业将募集资金主要投向省外发行渠道建设的重要原因之一。为了扩大非本地市场,出版企业主要采取市场化和行政化手段以越过地区壁垒。例如,2009年,凤凰传媒以增资的方式完成了对海南新华的并购,实现控股51%,成为海南省唯一一家拥有全省图书发行网络的企业,打开了海南的出版发行市场。凤凰传媒还将并购其他外省的发行渠道,以开辟更多的销售渠道。除了一些实力较为雄厚的出版企业采取并购的市场化行为外,更多出版企业,特别是国家级出版企业则寄希望于国家新闻出版广电总局尽快出台一些能够打破区域封锁的规章细则。

除了出版产品不能顺利流通的问题,区域壁垒造成的更大问题是限制了资本的省际自由流动,使得许多跨区域的兼并重组计划纷纷搁浅。至今,集团化建设仍是一个省域一个出版集团的基

---

[1] 曾少雄:《论促进我国新闻出版上市企业发展的三大政策》,《出版业》2013年第3期。

本格局,尚未发生地区间出版集团"强强联合"的并购事件。在出版产品和资本不能顺利在各区域流通的表象背后,隐藏的是深层的利益问题。各地区的党委和政府都竭力保护所辖地出版集团的利益,形成了强大的地方保护主义,统一开放的出版物市场体系建设和跨区域兼并重组因为地区利益保护而变得异常棘手。

(二)行业壁垒

对于出版业而言,行业壁垒主要表现为两种:一是出版企业进入其他媒介的壁垒;二是其他行业进入出版业的壁垒。第一种壁垒是传统媒介分割管理体制造成的;第二种壁垒是政府为出版业准入机制架设的特殊门槛。本质上,这两种壁垒都源自历史上政府对媒介的严格管制,它们和地区壁垒一样,阻碍了内容资源和资本在不同媒介和行业间的自由流动,其实质仍然是对出版市场的人为切割。

随着技术的不断进步,媒介之间的界限正在逐渐消解,综合开发利用各种媒介形式,聚合海量信息并以最便利、最快捷的方式传播信息,即"一次创建、多次使用、多渠道传播、多媒体发布",从而获得最大的经济收益,已经成为内容产业最经济的生产手段。长期以来,我国对新闻出版单位的管理实行严格的业务分工,如书、报、刊等传统纸媒之间界限分明,新闻出版单位不准涉足广播影视等其他文化领域。初始出版资源的这种行政配置,限制了出版市场的竞争,导致我国出版传媒集团的内容资源结构较为单一,基本上只有纸媒,并以图书为主,无法有效发挥规模经济和范围经济的竞争优势。虽然现在政策有所放宽,但申请手续的复杂和审批时间的漫长让很多出版企业望而却步。一些出版企业在集团化过程中,虽然有效整合了当地的书、报、刊,但也只能局限于本行政区域,很难对全国的纸媒资源进行整合,更别提整合其他行业的内容资源了。相对单体出版企业,出版传媒集团的内容资源相对丰富,但以图书出版为主,期刊和报纸出版只占很小的比例。一些年出书品种达万余种的出版传媒集团,报刊不过几十种,例如长江传媒股份有限公司、中南传媒股份有限公司和中国出版传媒集团分别经营24种报刊[①]、15种期刊[②]和50余种期刊[③]。欧美的综合性传媒集团,不受媒介形式的限制,既有图书、期刊、报纸等传统纸媒,也有电影、电视、电台等广电资源。例如,新闻集团在全球拥有800多家企业,业务涉及电影娱乐、广播电视、有线电视节目网、卫星直播电视、杂志和插页、报纸、图书出版和其他相关行业,纽约时报旗下有19种报纸、电视网(下设8个附属电台)、2家纽约广播电台及40多个web网站。[④] 再如,全球跨国媒体集团——德国贝塔斯曼集团(Bertelsmann AG)的业务范围包括广播电视、图书出版、杂志与报纸出版、音乐唱片及发行、印刷媒体服务、图书和音乐俱乐部,

---

[①] 数据来源:长江出版传媒官网,http://www.cjcm.com.cn/plus/list.php?tid=3。
[②] 数据来源:笔者调研。
[③] 数据来源:笔者调研。
[④] 郭全忠:《全媒体之辨》,http://media.nfdaily.cn/cmyj/24/10/content/2010-07/07/content_13554711.htm。

经营机构遍布全球63个国家。① 即便是规模相对较小、非营利的欧美大学出版社,其所拥有的内容资源也是相当丰富的。例如,剑桥大学出版社和牛津大学出版社每年除了出版几千本图书外,还出版几百种期刊。其中,剑桥大学出版社每年出版近400种学术期刊②,牛津大学出版社则每年出版250多种期刊③,与我国科学出版集团的期刊生产能力持平。相比之下,我国出版业内容分散的现象十分严重。以期刊为例,2011年底,我国有期刊9848种,这近万种期刊分别属于数千家单位,传统出版单位难以对这些分散的期刊资源进行成规模的有效集成。

另外,其他行业也不能进入出版业,导致出版业内对出版业外资本的排斥。在我国,出版业被赋予了强烈的意识形态属性,历来被视为党和政府的宣传工具,因此被设置了极高的进入门槛,行业外资本不能随便进入,国有资本也不例外。近年来,为了加快出版企业股份制改造,实现产权多元化,政府积极推动业外资本进入出版业。2012年,原新闻出版总署发布《关于加快出版传媒集团改革发展的指导意见》,提出"引入其他行业大型国有企业作为战略投资者"。虽然政府放松了对业外国有资本的进入限制,但其他行业的国有资本也只能以参股的方式进入出版业。我们知道,出版产业虽然处于文化产业核心层的地位,但产值并不是很大,每年约

---

① 参见贝塔斯曼官网,http://www.bertelsmann.com。
② 陈凤兰:《剑桥大学出版社学术期刊运营特色探究》,《科技与出版》2013年第4期。
③ 参见牛津大学出版社官网,http://www.oup.com。

600亿—700亿元,在新闻出版业的占比只有5%左右。从国外综合性传媒集团的收入贡献来看,出版业务的经营收入也只占较小的比例。例如,2011年和2012年时代华纳出版业务收入分别占集团总收入的12.69%和11.96%①(见表2.7)。2012年,图书出版和期刊出版分别占贝塔斯曼集团总收入的13.4%和13.9%②(见表2.8)。而且,出版业不是暴利行业,其利润率水平与其他垄断行业相比并没有特别明显的优势。鉴于上述两个原因,在仅仅允许以参股方式进入出版业的政策背景下,业外国有资本进入出版业的愿望可能不会太强。在大力发展文化产业的背景下,我们需要以出版为主业的出版传媒集团,也需要涵盖出版业务的综合性传媒集团。对业外国有资本进入比例的限制性规定,会消减基于原创内容的拓展力和创新力,其实质上也是对市场竞争的制约。

表2.7 2011—2012年时代华纳各分支业务的收入比例③

分支业务	广播电视网	影视娱乐	出版	内部抵消
2012年	49.44%	41.83%	11.96%	3.23%
2011年	47.13%	43.62%	12.69%	3.43%

表2.8 2012年贝塔斯曼集团各分支业务的收入比例④

分支业务	RTL集团 (电视)	兰登书屋 (图书出版)	古纳雅尔 (期刊出版)	欧维特 (服务)	Be Printers (印刷)
收入比例	37.6%	13.4%	13.9%	27.8%	7.3%

---

① 参见时代华纳官网,http://www.timewarner.com。
②③④ 参见贝塔斯曼官网,http://www.bertelsmann.com。

(三)所有制壁垒

所有制壁垒主要是指非公有资本进入出版业的屏障。继1956年私营出版业在中国内地消失之后,非公有资本被严禁进入出版领域。随着出版体制改革的不断深入,非公有资本被允许进入的出版领域也逐渐放宽,但在出版上游环节,非公有资本参与出版活动仍有严格的限制。2010年新闻出版总署发布的1号文件《关于进一步推动新闻出版产业发展的指导意见》,首次对非公有资本如何参与新闻出版产业进行了具体说明,即民营出版企业[①]可以从事图书出版,但只能以内容提供、项目合作和成为国有出版企业的一个部门等三种形式参与图书出版。当前的出版管理思维是,国有资本绝对控股是保证意识形态的根本手段,因此出版企业的股份制改造以国有资本的绝对控股为底线。这意味着,民营出版企业要么在国有出版企业控股的情况下与国有出版企业展开资本合作,例如北京长江新世纪文化传媒公司、凤凰联动公司;要么自己独资经营,以"内容提供"或"项目合作"形式从国有出版企业获取书号资源。

这些年,一些没有实质出版权的民营出版企业因机制灵活、创新力强获得了较快的发展,形成了几家在图书细分领域的著名品牌,如磨铁图书、新经典文化、世纪金榜、志鸿教育等。目前,民营

[①] 政府文件中一般用"民营文化公司"的称谓。

出版机构在大众、少儿等出版领域几乎占据了半壁江山。尽管这些民营出版企业具备国有出版企业的出版能力并且拥有较好的市场表现,但它们的存在方式充分体现出行业的扭曲性。一方面,民营出版企业为了得到书号资源而不得不支付相对高昂的成本。例如,获得书号、CIP、校对、质检、开委印单等(外版书还有版权登记)配套资源,每个书号花费1.5万—2万元左右;如果拿到CIP、书号后,民营出版企业又想改书名,国有出版企业还会收取2 000元左右的"服务费";若图书销售良好,需要加印,民营出版企业还要再花费3 000元左右向国有出版企业申请委印单。① 另一方面,这种有失公平的合作机制还将扭曲性传导到壁垒之内,一些没有市场竞争能力的国有出版企业因垄断的书号资源而无生存之忧。所有制壁垒导致的这种扭曲性一方面限制了民营出版企业的正常发展,另一方面又助长了某些国有出版企业对于垄断的依赖性,实质上是削弱了出版市场的竞争水平。另外,在具体的操作过程中,国有出版企业与民营出版企业之间的合作也常常出现失范行为,主要表现为直接的书号买卖。2013年,中央第七巡视组在对中国出版集团公司的巡视过程中,就发现了集团公司"有的单位买卖或者变相买卖书号、与民营企业等单位违规合作"②的问题,而这一问题其实在行业内早已司空见惯。

---

① 数据来源:笔者调研。
② 《中央第七巡视组向中国出版集团公司反馈巡视情况》,《中国出版传媒商报》2013年9月27日。

此外，所有制壁垒也是导致中国出版企业综合竞争力较弱的因素之一。今天，数字阅读已经越来越成为一种潮流或趋势，这要求出版企业的出版活动融入互联网思维，能够对内容资源进行多层面的数字整合，不仅在传统纸质出版方面具有竞争优势，还要拥有数字出版的先进理念和娴熟技术。在数字出版方面，民营公司无疑已经走在了传统出版企业的前面。它们不仅拥有国有出版企业不能匹敌的高新技术，还经过多年市场化运作培育了内容生成能力，成功打破了传统出版的"内容"壁垒，逐步实现了平台运营商向内容提供商的战略转型，在"内容"生产要素市场打开了一个资源配置的缺口。① 由于所有制壁垒的存在，国有出版企业可以收购民营出版技术公司，而由民营出版技术公司收购国有出版企业则受到体制制约。例如，商业模式非常清晰的中国知网、万方数据、盛大文学等数字出版企业无法通过收购国有出版企业的方式来进行内容资源的进一步整合。所有制壁垒制约了内容和技术之间的双向融合或顺利对接，导致我国出版企业与国外出版企业相比，应对出版技术发展和阅读环境变更的创新能力相对薄弱。

综上所述，虽然经营性出版单位的转企改制任务已经完成，但实质上的转型才刚刚开始。首先，出版产业还没有通过到位的产权改革创建更具优势的现代企业制度。其次，当前的出版市场

---

① 周百义：《论出版集团如何应对数字化挑战》，《中国出版》2010 年第 21 期。

还存在着传统出版体制形成的各种壁垒,没有形成符合市场经济要求的、统一开放的市场体系,削弱了出版市场的竞争性,进而阻碍出版企业成为能对市场机制进行必要补充和替代的经济组织。

第 3 章
出版企业产权改革的深化：塑造市场主体

如第二章所述，在建立现代企业制度的过程中，由于股份制改造迟缓、国有股"一股独大"等原因，我国出版企业普遍存在着公司制改造流于形式、市场主体地位脆弱的问题。为了解决上述问题，实现塑造市场主体的改革目标，需要对出版企业的产权改革做新的思考。

第一节 新制度经济学的企业理论

新制度经济学的企业理论通常被认为是现代主流的企业理论。以科斯为首的新制度经济学派由于引入

"交易成本"的概念,企业研究在主流的新古典经济学之外获得关注。企业理论将研究视角深入企业内部,在节约企业交易成本的总原则下,对企业所有权归属问题、内部人员激励问题等进行了抽丝剥茧般的分析,对于我国国有出版企业的改革具有极强的理论指导作用。在企业理论的众多分支中,产权理论和委托代理理论与国有出版企业产权改革的联系最为紧密。

产权理论以科斯定理为核心,阐述了产权、交易成本和资源配置的关系,主要由科斯和其他一些产权学家的论述构成。科斯指出,在存在交易成本的情况下,"合法权利的初始界定会对经济制度运行的效率产生影响"[①]。市场交换的实质是产权的交换,清楚界定的权利才是市场交易的关键前提。企业要在市场上交易和竞争,必须要有归属清晰的产权。虽然界定产权要花费成本(资源),但这是市场经济机制正常运行所必需的前提。巴泽尔(Barzel)还特别强调,从法律上界定一项资产的所有权比在事实上界定它,花费的成本通常要小。企业产权又称作企业所有权,它包含了四种权利:使用权、收益权、处分权和转让权。对企业而言,所有权是订立合约的必要前提。企业所有权的关键在于剩余权利(包括剩余索取权和剩余控制权),因为它难以通过合同进行事前的约定。体现在剩余权利上的企业所有权真正决定着企业的效率。按照德姆塞茨(Demsetz)的观点,长期投资经费的提供者应该是剩余收益的

---

① 〔美〕罗纳德·哈里·科斯:《企业、市场与法律》,盛洪、陈郁译校,上海人民出版社2009年版,第113页。

索取者,监督者也是剩余收益的索取者,提供劳动力的只是工资的获得者。阿尔钦(Alchian)和德姆塞茨的团队生产理论不仅提出了"偷懒"和"搭便车"的概念来解释所有权分割的必要,而且指出所有权划分的目的是生产成本和度量成本的节约。

委托代理理论将激励问题带入企业研究,从而对企业进行了更现实的描述。委托代理问题产生于资本所有权与控制权的分离,其核心问题是委托人(股东/管理者)如何设计一个最优激励约束机制,从而促使代理人(管理者/工人)从自身利益出发选择对委托人最有利的行为。从掌握信息的角度来看,代理人在交易中占有信息优势,委托人则处于劣势。合约关系确立之前的信息不对称会造成委托人的逆向选择;合约确立之后,信息的隐藏则使委托人面临道德风险。阿尔钦等人研究了企业的激励作用问题,他们认为,对企业成员必须进行激励和监控。要让企业成员努力,就要按边际生产力给予报酬。而且,每个人都有各自的信息和利益,只要不被发现,就会偷懒,因此必须进行监控。詹森(Jensen)和麦克林(Meckling)认为,理解代理问题的关键是要认清合同的各方都要承担合同关系带来的代理成本。所以,给定活动的规模,利益最大化的个体一定会最小化任何合约关系的代理成本。[①] 在现代企业的委托代理关系中,如何对企业家进行最优激励引起了经济学家们的广泛关注。例如,吉泊斯(Gibbons)和莫菲(Murphy)在已有的

---

① 〔美〕迈克尔·詹森:《企业理论——治理、剩余索取权和组织形式》,童英译,上海财经大学出版社2008年版,第135页。

企业家报酬与某项产出挂钩的显性激励合同基础上,重点考虑了引入企业家对职业关注因素后的最优激励,认为企业家的当前表现将影响对企业家个人能力的评价,进而影响其今后职业生涯中的报酬决定,所以企业家会采取市场观察不到的行为提升企业业绩,提高个人能力的评价水平,这形成了企业家的隐性激励。最优的激励合约应是显性激励和隐性激励总和的最优化。[①]

第二节　国有制企业与市场主体的内在矛盾及角色定位

如前所述,除了股份制改造缓慢之外,国有股"一股独占"和"一股独大"是当前我国出版企业产权改革的主要结果。这种产权配置结果已经表现出与建立现代企业制度、塑造市场主体的改革目标不相适应的问题,客观上要求继续推进和深化出版企业的产权改革,其改革重点或突破点在于如何降低国有股在出版企业中的比例。为此,我们首先应该深入地了解国有制企业的基本性质。

在从计划经济向市场经济转轨的过程中,国有企业改革是经济改革的中心环节,产权改革是国有企业改革的核心内容。国有企业产权改革的重要目标是,通过公司制改造,将出资者所有权与企业法人财产权分离,以促进政企分开,恢复企业的本质。于是,

---

① 汤洪波:《企业家理论的演进》,《经济评论》2006年第3期。

在国有企业产权改革过程中，本着产权从模糊、不合理变为清晰、合理的基本原则，采取了国有资产的授权投资方式，形成了归属明晰的多级委托代理关系：国家作为全民的委托人拥有所有权，公司作为独立的法人拥有法人财产权，并以利润最大化（或公司价值最大化）为目标参与市场竞争，从而在国有制的框架内使企业变为独立经营、自负盈亏的市场竞争主体。然而，我国国有企业的改革实践证明，无论是国有独资还是国有控股的国有制企业，都很难改造成为建立现代企业制度的市场主体。1994年，国务院曾选择100家大中型国有企业进行现代企业制度试点。但是，现代企业制度的推行并没有像预期的那样使国有企业的经营机制实现根本转换，一个重要原因就是大部分所谓实行现代企业制度的企业仅仅偏重于法律形式的改变，即将过去按《全民所有制工业企业法》登记的企业改变为按《公司法》登记的企业，而没有着力进行股权结构的重大调整，绝大部分企业仍然保持了国有独资或国有绝对控股。[①] 这种保证国有制的产权改革方式并没有让政府和企业间的关系得到根本性的改变。政府和企业之间的界限仍然模糊，行政权力大量渗入企业的经营权，各级政府部门越过董事会直接任命经营者并干预企业生产经营的行为非常普遍。

学者杨瑞龙在理论上阐释了国有制企业无法成为市场主体的真正原因。国有企业主要有两个基本特征：一、国家所有必然派出

---

① 张文魁：《中国国有企业产权改革与公司治理转型》，中国发展出版社2007年版，第7页。

政府代理。由国家权力执行机构来代表国家行使国有产权是其逻辑选择。在实践中,不可能另外找到一个所有者代表,还依然使这个企业保持国有制性质,即政企不分是国有制企业的内生现象。二、国家所有权具有不可转让性。如果要保持企业的国有制性质,就不能允许企业所有权无限度地转让,即企业的所有权转让与保持企业国有制性质不可能同时并存。[①] 这两个特征使得国有企业在成为建立现代企业制度的市场主体方面面临两个困境:第一,在所有权不可转让的条件下,国有企业无法享有法人财产权。根据我国2005年颁布的《公司法》,公司是"企业法人,有独立的法人财产,享有法人财产权"。所谓法人财产权,是指在所有权与经营权相分离的条件下法人对企业资产的排他性占有、支配、处分和收益的权利,其具体内容主要包括:企业资产增减权、经营对象决定权、经营方式决定权、对外投资权和资产实物处分权。如前所述,为了保持企业的国有制性质,其所有权是不能随便转让的,即企业没有完全的资产实物处分权。在这种情况下,企业的自主权只能局限于生产、销售和存货调整方面,无权自主地处分企业资产,从而导致国有企业破产难、产权转让难、企业并购难、资产重组难等问题。第二,"政企不分"是国有企业的内生现象,因此国有企业在建立现代企业制度方面存在天然短板。当政府行使所有者职能时,必定会向企业注入体现政府偏好的约束规则。在行政干预下,企业的

---

① 杨瑞龙:《我们想让国有企业扮演什么角色》,《经济界》1999年第4期。

目标是多元的，既有社会目标，也有经济目标，不可能总是以利润最大化或企业长期价值最大化为目标参与市场竞争。如果政府不再拥有企业的控股权或所有权，政企分开倒是可以实现，却无法保持企业的国有制性质。不能实现政企分开，国有企业就难以建立现代企业制度，成为市场竞争主体。

既然国有制企业根本或者很难成为市场竞争主体，那么就需要重新思考国有制企业的存在目的和存在领域。国有制企业不可避免地具有多元化的政府目标，要承担一些社会义务，在市场竞争中不可能与目标更为单纯的非国有企业在同一起跑线上赛跑。这意味着，国有制企业参与市场竞争存在着先天不足。尽管如此，国有制企业在市场经济中仍然占有举足轻重的地位。由于公共产品、外部性和垄断等问题，市场并不总是成功的，不可避免地存在失灵领域，而国有企业恰恰可以在这些领域发挥重要作用，承担社会使命。作为国有制企业所有者，政府可以不受私人利益最大化的束缚，从社会利益最大化的目标出发，进入非国有企业不愿投资或经营的领域，弥补市场失灵。而且，所有权的不可转让性可以防止国有企业受经济利益驱动退出该领域。也就是说，没有独立法人财产权以及无法做到"政企分开"的国有制企业，虽然在成为市场竞争主体、参与市场竞争方面存在弱势，但在提供公共产品、解决外部性、避免过度垄断等方面有着天然的优势，在市场经济中应该着力扮演弥补市场失灵的重要角色。

第三节　从出版社的改革历程看出版企业产权改革的未来趋势

诺斯(North)指出,社会和经济体演化的主要方式是由连续的边际调整导致的逐渐的制度变迁。① 这意味着历史是重要的。在追溯制度的渐进性演化过程中,我们更易理解当下的选择并对未来的发展做出预见。对我国出版社改革的演进历程进行梳理,有助于在渐进性的出版制度变迁过程中较为准确地把握出版企业的产权改革方向。

中华人民共和国成立初期,出版社被认定为企业。② 20世纪80年代初期,出版社又一律改为执行"企业化管理"的事业单位。③ 虽然出版社在体制上由企业变为事业单位,但在生产经营、经济核算、改革等方面与国有企业④基本一致,也先后跟随其他领域国有

---

① 〔美〕道格拉斯·C.诺斯:《制度、制度变迁与经济绩效》,杭行译,韦森译审,格致出版社、上海人民出版社2008年版,第139页。
② 出版总署在1950年10月28日关于《关于国营书刊出版印刷发行企业分工专业化与调整公私关系的决定》中指出:"全国各级新华书店兼营出版印刷业务者,从目前起应着手划分为三个独立的企业单位,即出版企业、印刷企业和发行企业。"这是新中国关于出版社企业性质的首次认定。1951年12月21日政务院第116次政务会议通过,1952年8月16日公布的《管理书刊出版业印刷业发行业暂行条例》规定:"本条例所称书刊出版业印刷业发行业系指有固定场所及设备,经营图书、期刊的出版、印刷、发行业务之企业。"
③ 文化部出版局在1983年2月22日《关于出版社、新华书店、中国印刷公司列入1982年调资范围后的几项规定》中指出:"出版社的性质属于事业单位,仍实行企业管理。"
④ 国有企业在20世纪90年代之前被称为国营企业。

企业的改革经历了放权让利、承包制、改制等几个历史阶段。

20世纪70年代末和80年代初,中国处于严重的商品短缺时期,鼓励企业多生产以满足市场需求成为当时经济工作的重心。为了强化激励机制,提高企业的积极性,当时最有效的办法就是放权让利,即政府部分地将决定企业生产品种、产量、价格等权力下放给企业,允许企业在完成政府计划的前提下根据市场需求扩大生产和确定价格,相应增加的利润主要留在企业用于资本再投入和给职工发奖金。在向国有企业放权让利的改革背景下,出版行业于1983年进行了税制改革,由计划经济时期的统收统支的财政管理制度改为实行利改税,税率由55%[①]减为35%,且税后利润全部留给出版系统用于发展出版事业。[②] 这项改革的参与人袁亮认为,这次改革"第一次打破了长期形成的计划体制的固定模式,向市场经济的新模式迈出了有历史意义的重要一步,更有利于调动广大出版工作者的积极性和创造性"。[③] 1984年5月10日,国务院发布《关于进一步扩大国营工业企业自主权的暂行规定》。同年9月经中宣部批准的文化部党组《关于地方出版工作会议的报告》提出:"适当扩大出版单位的自主权,以提高出版单位经营的主动性。'十条'(扩大国营工业企业自主权的暂行规定)加'一条'(在国营企业中逐步实行厂长、经理负责制),其基本精神对出版单位都是

---

① 实行利改税后全国一般部门按此比率纳税。
② 《中共中央国务院关于加强出版工作的决定》,《中华人民共和国国务院公报》1983年第6期。
③ 袁亮:《首次改革出版管理体制始末》,《出版发行研究》2008年第11期。

适用的。"①

1983年初,在中央的号召下,全国国有企业普遍实行了承包制。其基本原则是"包死基数、保证上交、超收自留、歉收自补"。这是在不改变国有企业的产权制度基础的条件下"扩大企业自主权"的最高形式。自1984年以来,出版业逐步推行省出版局向省财政局实行总承包、出版单位向省出版局实行第二层承包的"承包制"。由于地方出版社在地方财政制度的约束下有不同于中央出版社的指标任务和内在激励,地方出版社对承包责任制表现出更积极的态度。②企业承包制制度安排的特点是,发包人(所有者)把承包期内的剩余控制权和部分剩余收入索取权都交给了承包人(经营者)。在企业承包制下,国有企业的领导人确实获得了相当大的经营自主权,但由于是在缺乏产权约束的情况下授予经理人员承包期间的全部控制权,承包制造成了企业"内部人控制"的情况。③

到20世纪80年代末和90年代初,企业承包制不再被认为是国有企业改革的可取办法。1992年,中国共产党十四大明确提出经济体制改革的方向是建立社会主义市场经济。1993年,中共十四届三中全会决定"放开搞活中小企业"、在国有大型企业中进行

---

① 宋木文:《亲历出版30年——新时期出版纪事与思考(下卷)》,商务印书馆2007年版,第553页。
② 李频:《1978年以来中国省域出版体制变迁研究——以北京出版社为例》,中国传媒大学2009年博士学位论文。
③ 吴敬琏、马国川:《中国经济改革二十讲》,生活·读书·新知三联书店2012年版,第61页。

"制度创新",以建立"现代企业制度"作为国企改革的新方针。但出版社的改革仍停留在"承包责任制"层面,并且随着经济体制的彻底转轨,出版社承包责任制普遍推广开来。从财政局到出版局,从出版局到出版社,从出版社到编辑室,从编辑室到编辑个人,利润指标层层分解,呈现出强烈的以利润为导向的本质特征,经济效益成为硬约束,社会效益成为软约束。[①]

1997年,中国共产党十五大提出,要从战略上调整国有经济布局,国有经济只需在"关系国民经济命脉的重要行业和关键领域"占支配地位。此后,国有企业改革的主流方式由过去的放权让利和法律形式调整[②]转变为改制。所谓改制,或称转制,是中国国有企业改革实践中出现的一个专门词汇,主要指国有企业的产权置换,在国家拥有100%股权的企业中引入非国有资本,包括出售存量国有产权和新增非国有资本,使纯国有企业变为含有非国有股的股份制企业或变为不含有任何国有股的非国有企业。改制后,所谓的国有企业通常包括纯国有企业和国有资本绝对控股企业。[③]除了产权置换,改制还包括职工身份的置换,但根本在于产权置换引发的产权改革。2002年,以十六大召开为标志,中国国有企业改

[①] 李频:《1978年以来中国省域出版体制变迁研究——以北京出版社为例》,中国传媒大学2009年博士学位论文。
[②] 1984年5月,国务院发布了《关于进一步扩大国营工业企业自主权的暂行规定》(又称"扩权十条")。1992年7月,国务院发布了《全民所有制工业企业转换经营机制条例》,重申赋予国有企业生产经营、产品销售、产品定价、采购、进出口乃至投资和资产处置等14项自主权。
[③] 张文魁:《中国国有企业产权改革与公司治理转型》,中国发展出版社2007年版,第8页。

革进入第五个阶段①。这个阶段的主要任务有两个：一、对大型和特大型同时又关系国民经济命脉的国有企业进行股份制改造；二、对大量中小型,同时又处于一般竞争型领域的国有企业,进行各种形式的非国有化改造。这一年,文化体制改革被写进党的十六大报告。在这之后,酝酿已久的新闻出版业体制改革正式启动。

2003年,21家新闻出版单位转企改制开始试点。2005年12月,中共中央、国务院颁布的深化我国文化体制改革的纲领性文件——《关于深化文化体制改革的若干意见》指出,要根据现有文化事业单位的性质和功能,区别对待、分类指导,明确不同的改革要求。自此,经营性新闻出版单位的转企改制工作正式展开。然而,由于多数出版单位作为原体制下的既得利益者,不愿意或害怕接受改革可能导致的利益损失,再加之配套措施不够完善等原因,出版单位在改革问题上缺乏主动性,转企改制工作因而没能全面开展。2009年4月,新闻出版总署颁布《关于进一步推进新闻出版体制改革的指导意见》(以下简称《意见》),明确规定了新闻出版单位转企改制的路线图和时间表。《意见》第11条要求"除明确为公益性的图书、音像制品和电子出版物出版单位外,所有地方和高等院校经营性图书、音像制品和电子出版物出版单位2009年底前完

---

① 改革开放以来,国有企业的改革进程主要可分为五个阶段,即第一阶段1979—1983年；第二阶段1983—1987年；第三阶段1987—1992年；第四阶段1992—2002年；第五阶段2002年至今。

成转制,所有中央各部门各单位经营性图书、音像制品和电子出版物出版单位 2010 年底前完成转制。"①

通过对出版社改革历程的梳理,我们发现出版社的改革存在两个"路径依赖":一是其他领域国有企业的基本改革路线。在不涉及产权制度的国有企业改革早期,出版社积极跟随其他领域的改革,在跟随过程中,一直被遮蔽的出版商业属性得以充分展现;在国有企业正式实行产权改革后,受意识形态方面的影响,出版社的改革表现得较为冷静、慎重,其产权改革模式基本仿效"关系国民经济命脉的重要行业和关键领域"的国有企业的股份制改造,保持了国有资本在改制出版企业中的绝对控制力;二是新中国成立以来形成的出版管理理念。新中国成立后,随着经济领域里计划经济体制的全面建立,中国因循苏联的社会主义模式,建立了与之相适应的"国有国办"的出版管理理念。这一执行了半个多世纪的出版管理理念规定了当前出版企业产权改革的空间,即所有出版企业必须坚持国有资本绝对控股的底线。总而言之,上述两条路径分别从行业外部和体制内部共同决定了出版企业"一股独占"及"一股独大"的产权制度设计。它们的变迁方向将一起决定着出版企业产权改革的深度,其中后一条路径将起到更加关键和直接的作用。

研究中国国有企业改革的学者基本认为,国有股在改制企业

---

① 《关于进一步推进新闻出版体制改革的指导意见》,http://www.china.com.cn/policy/txt/2009-04/06/content_17560588_2.htm。

中的比例会越来越少。但是,由于国有股权是和政治目标与政治规则联系在一起的,中国国有企业改革的方向虽然清楚,但会具有波动性。2004年之后,国有经济布局调整的步子开始放慢,国有企业的改革也停步不前,国有独资企业大量存在、国有控股企业比重较大。而世界各国的实践早已表明,在国有独资和绝对控股的企业中建立有效的公司治理,即便不是完全不可能,难度也极大。[①]因此,要使国有资本从竞争性领域退出,在那些国有资本没有退出的企业中,要尽可能地引入非国有资本,在股权多元化基础上实现有效的公司治理。在国有制企业不能真正做到政企分开及民营化在某些领域还没有明朗政策的情况下,发展由国有资本、集体资本、非国有资本共同构成的混合所有制的产权结构,可能是当前较为可行也能被各方接受的国有企业改革方案。2003年党的十六届三中全会提出要大力发展混合所有制经济,实现投资主体的多元化,使股份制成为公有制的主要实现形式。至此,发展混合所有制正式成为我国国有企业改革的战略方针并在实践当中得到大力贯彻推行。有学者认为,混合所有制提供了一个相对开放的股权结构,国有股比例逐步下降、非国有股比例逐步上升,可能会是一个长期趋势。[②] 目前,还未显示出政府有调整"国有国办"出版管理理念的明确迹象,但是政府强制出版社转企改制的目的却

[①] 吴敬琏、马国川:《中国经济改革二十讲》,生活·读书·新知三联书店2012年版,第205页。
[②] 张文魁:《中国混合所有制企业的兴起及其公司治理研究》,经济科学出版社2010年版,第41页。

是非常明确的,即通过股份制改造将出版社塑造为建立现代企业制度的市场竞争主体。只要这一改革目标不变,实践结果与目标的背离就会或早或晚地推动出版管理理念的转变。鉴于上述两条改革路径的发展趋势,出版企业的产权改革存在着继续深化的空间。

第四节 深化出版企业产权改革的思路设计

一、出版企业分类进行产权改革

目前,已有多家地方出版集团的二级企业被改造成为股份有限公司进入股票市场,还有多家国家级出版集团和地方出版集团正在积极准备上市。尽管这些已经上市或即将上市的出版企业以及少数未做上市场准备的出版企业都进行了较为规范的股份制改造,但国有股"一股独大"问题仍然制约着它们成为真正的市场竞争主体。要破解国有制企业和市场主体的内在矛盾,笔者认为,可将产业领域内的出版企业再细分为面向社会和面向市场的两类:面向社会的出版企业主要在出版外部性导致的市场失灵领域发挥作用,以实现社会效益为首要目标;面向市场的出版企业以市场主体身份参与可竞争出版领域的竞争,以提高经济绩效为首要目标。

(一)分类的理由

将出版企业分为面向社会和面向市场的两类企业主要基于以下两点理由：

1. 出版的外部性

经济学家萨缪尔森(Samuelson)将外部性定义为："企业或个人向市场之外的其他人所强加的成本或利益。"[①]若外部性行为增加了他人的收益，该行为具有正外部性。若外部性行为增加了他人的成本，则该行为具有负外部性。由于出版物承载的思想、知识、信息等内容具有正确与错误、先进与落后之分，因此出版物兼具正、负外部性。出版物的正外部性主要表现是，承载先进科学知识和优秀文化内容的出版物带给社会的整体收益大于出版主体获得的收益。出版物的负外部性则表现为，内容低劣、错误的出版物对社会的消极作用和负面影响，而社会受到的这种损失即社会成本大于其出版所付出的私人成本。

在存在负外部性的情况下，产品的社会成本大于私人成本。因此，最适产量 $Q_{最适}$ 小于均衡产量 $Q_{市场}$（见图 3.1），即社会最适产量小于市场决定的数量。在存在正外部性的情况下，产品的社会价值大于私人价值。因此，最适产量 $Q_{最适}$ 大于均衡产量 $Q_{市场}$（见图

---

① 〔美〕保罗·萨缪尔森、威廉·诺德豪斯：《经济学》，萧琛等译，华夏出版社 2005 年版，第 28 页。

3.2),即社会最适产量大于市场决定的数量。① 产品正、负外部性的存在,会导致产出偏离最适产量,从而引起市场失灵。为了消除因外部性而引起的市场失灵,就要采取某种措施或手段合理配置资源,使得生产活动高于私人利益的外部利益能够得到外部性受益者补偿,高于私人成本的外部成本能够由外部性实施者承担。

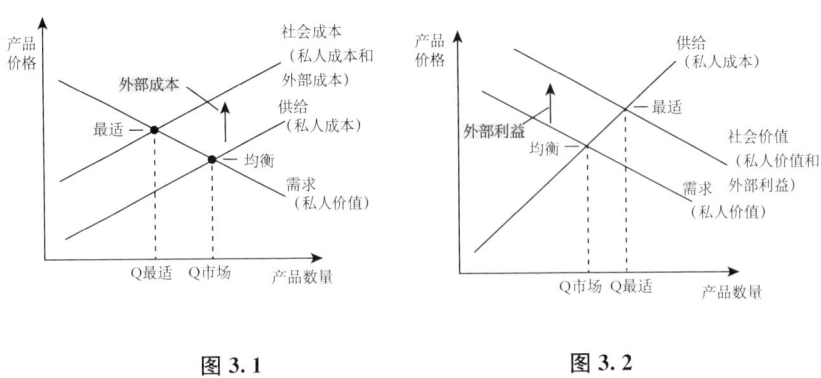

图 3.1　　　　　　　　图 3.2

出版有外部性,所以政府要对出版活动进行一定的干预,以弥补市场失灵引起的社会损失,实现最优的社会效果。欧美等出版产业发达的国家也非常重视对正外部性较高的出版活动的扶助。美国出版业高度市场化,但是政府仍为文化保留了一块非商业化的分区,如非营利性大学出版社。它们出版的书籍虽然发行量不大,营业额也不高,但保证了图书品种的多样性,对于美国思想和文化的更新起到了至关重要和生命攸关的作用。② 我国出版体制

---

① 〔美〕曼昆:《经济学原理——微观经济学分册》,梁小民、梁砾译,北京大学出版社 2009年版,第 214—215 页。
② 〔法〕弗雷德里克·马特尔:《论美国的文化:在本土与全球之间双向运行的文化体制》,周莽译,商务印书馆 2013 年版,第 339—340 页。

改革"事业"和"产业"的分类改革原则虽然划分了出版事业和出版产业的分界,但从保留的人民出版社、民族出版社、藏学出版社和盲文出版社①等几家公益性出版单位来看,非商业性出版力量明显不足,它们更多是承担政治宣传的任务,保护、创新文化的能力极为有限。鉴于此,有必要从产业领域再划分出一些不适宜完全参与市场竞争的出版企业,由它们来从事一些正外部性较大的出版活动,主要承担不能由市场完成的文化任务。

2. 塑造市场主体的改革目标

没有一支强大的市场主体队伍,出版产业不可能有大的发展,建设文化强国、出版强国的远景目标也很难实现,因此可以这样说,能否塑造一批市场主体是检验我国出版单位转企改制效果的重要指标。作为市场主体,面向市场的出版企业不受政府多元化目标的影响,以企业利润最大化或长期价值最大化为目标独立参与市场竞争。然而,赢利目标的单一性会不会妨碍面向市场的出版企业履行文化责任一直是我国出版业的一个争议。从理论和国际、国内众多出版实例来看,出版企业完全可以在赢利目标的引导下,通过完善的市场机制实现"叫好又叫座"。

根据经济学的"逆向选择"理论,认真履行文化责任对出版企业的持续健康发展有积极的促进作用。"逆向选择"问题根源于信

---

① 国家明确规定了人民出版社、民族出版社、藏学出版社和盲文出版社四家中央级公益性出版单位,对地方人民出版社并未做出明确规定。因此,地方人民出版社有的已经转企,有的仍为事业单位。

息的不平衡。根据人们对某则信息的掌握情况不同，可以将信息分成公共信息和私有信息。如果该信息为所有相关人共知，那么这则信息就称为公共信息；如果该信息只为一些人知道，而其他人并不了解，那么这则信息就称为前者的私人信息。在市场经济环境中，由于交易双方掌握的信息不同而存在着两种信息结构：信息对称和信息不对称。信息不对称是指一方既拥有公共信息也拥有私人信息，另一方只拥有公共信息的情况。信息不对称会导致"逆向选择"问题，即交易双方由于信息不对称而产生的"劣币驱逐良币"，进而出现市场交易产品平均质量下降的现象。其给我们的启示是：市场经济的有效运行，需要买者和卖者之间有足够多的公共信息。如果信息不对称非常严重，就有可能限制市场功能的发挥，引起市场交易的低效率，甚至导致整个市场的失灵。

出版物市场也是信息不对称市场。出版者掌握着出版产品的私有信息（即真实质量信息）。消费者在完成购买和阅读行为之前，基本不可能充分掌握出版物的具体信息，只能根据以往的购买经验及出版者的介绍和宣传进行预测，并在预测基础上做出是否购买的抉择。根据"逆向选择"理论，如果质量较好的图书与质量较差的出版物混杂在一起，并且只能以消费者接受的"平均价格"进行销售，就会导致很多质量较好的出版物因为无法获得期望收益而选择退出市场。如果这种效应一直进行下去，那么出版物市场就会陷入一种恶性循环，出版物的质量越来越粗制滥造，读者对出版物的质量预期也越来越低，出版物市场交易持续减少，并最终趋于零。当然,"逆向选择"理论所得出的"市场交易趋于零"的结论只是对现实的极端抽象。出版企业作为掌握信息优势的一方,可以通过建立企业声誉的主动行动来防止出版市场成为"次货市场"。

信息论创始人香农(Shannon)认为,信息是用来消除不确定性的东西。在现实世界中,当我们不确定他人的特性时,通常会寻求其过去的行为来查找信息,并通过该信息来组建关于他人特性的可能印象,即借助他人声誉来决定自我行为。质言之,树立声誉是增加确定性、消解信息不对称的良好机制。声誉是通过长期的努力付出和一点一滴的积累建立起来的,因此它所传递的信息是最稳定的,也是最可信的。对于企业而言,声誉是可以产生未来租金的无形资产,是吸引消费者的"吸铁石"。对于消费者来说,企业声誉是他们可以无成本地轻松获取高质量商品的可靠保障。

出版企业树立声誉的最佳途径是履行好其内在的文化责任,即通过持续生产高品质的出版物来化解信息不对称问题。对于企业最有决定意义的环节是企业的产品能否被消费者购买,即由产品到货币这一"惊险的跳跃"环节。在现实交易中,买卖双方的关系要得以长期维持,卖方应该通过提供高质量的商品来建立自己的市场声誉。高品质不仅可为企业建立市场信誉,而且也能为企业带来可观的经济效益。美国的著名质量管理专家朱兰(Juran)认为:提高经济效益的巨大潜力蕴藏在产品质量当中。例如,在奔驰公司,一个引擎要经过42道质量检验工序。奔驰公司对产品质量的严格把关不仅为公司赢得了消费者的认可,也为公司创造了巨大的利润。与其他企业一样,出版企业的信誉也是建立在出版物的质量基础上的。国际、国内的知名出版企业,无一例外都是通过优秀的出版物树立了独特品牌和市场声誉,如爱思唯尔的科技出版、兰登书屋的大众畅销书、商务印书馆的《万有书库》及中国人民大学出版社的经济学图书等。

有研究者总结了跨国出版公司的五个共性,其中最基本的两条是:具有明确的、以赢利为目标的企业经营形态;具有一贯的、以文化为追求的价值取向。[1] 这个结论也得到了大量出版实践的验证。例如,德国苏尔坎普出版社经营了近半个世纪的"彩虹系列"丛书不仅正确引导了德国社会的发展方向,也获得了商业上的巨大成功。该社社长翁泽尔德通过"彩虹系列"丛书,把二战后德国的文学与社科学者团结在自己周围,出版了包括阿多诺、本雅明、哈贝马斯、马尔库塞等学者在内的哲学、社会科学、政治学著作,将德国杰出的思想推向了世界。"彩虹系列"丛书的反思与批判精神,像彩虹一样照亮了二战后思想沉寂、精神彷徨的德国民众,帮助德国走出了战败后的民族精神危机。在翁泽尔德的经营下,"彩虹系列"丛书已出版了 2 000 多种,销量高达 4 000 多万册,苏尔坎普出版社年营业额也从 1959 年的 80 万马克,增长到每年超过一个亿。正是这种对文化责任的不懈追求,让苏尔坎普出版社享誉世

---

[1] 齐峰:《"后改制"时代:中国出版业从"新"开始》,《编辑之友》2013 年第 3 期。

界,也使翁泽尔德成为有世界影响力的出版人。① 民国时期,众多民营出版企业在努力实现商业成功的同时也对社会做出了文化贡献。譬如,在五四新文化运动中声名鹊起的亚东图书馆在1919—1928年的十年间,因在新诗出版、文集文存出版及翻译白话小说出版方面的开拓之功,出版营业额达到了历史上的最高值。这十年,既是亚东经营最为蓬勃兴旺的十年,也是亚东对中国现代文化建设贡献最大的十年。② 以上这些中外出版企业的成功证明文化与市场不是绝对对立的,许多文化责任是可以通过市场来实现的。

由于特殊的历史原因,我国在出版的文化价值实现问题上存在认识误区,长期漠视或怀疑文化价值的市场化实现路径。作为文化传播机构,出版企业可能是需要点"宜多出高尚书、略牺牲营业主义"③的精神,但绝不是只为文化贡献的完全利他者。在市场条件下,如果收益大于成本,出版企业就赢得利润,使资本增值,进而扩大企业规模;如果收益小于成本,企业就发生亏损,资不抵债时就会破产退出市场。因此,若想实现文化上的贡献,出版企业必须遵循企业逻辑求得商业上的成功。文化和商业之间的博弈在出版企业的发展过程中会一直处于动态的调整中,有时会因为文化舍弃点商业,有时也会为商业舍弃些文化。中华书局的舒新城曾这样说,"中华书局在形式上与性质上,虽然是一个私人企业机关,

---

① 马文韬:《"图书帝国"的缔造者——忆德国出版家翁泽尔德博士》,《人民日报》2003年4月18日。
② 王余光、吴永贵:《中国出版通史(8)·民国卷》,中国书籍出版社2008年版,第63页。
③ 张元济:《张元济日记(上册)》,河北教育出版社2001年版,第478页。

但对于国家的教育和文化,同时也想顾到。……换句话说,我们只求于营业中,发展教育及文化;于发展教育文化之中,维持营业。"①良友图书公司的伍联德也明确表示,"以商业的方式而努力于民众的文化教育事业,这就是我们的旨趣"。② 上面两位民国出版家的表述可谓准确地诠释了出版企业在市场中必须兼顾文化和商业的经营之道。以上出版实例不仅证明了文化可以通过市场实现,而且说明了自由企业制度的重要性,即企业只要是独立的,出版人就可以自主地决定以怎样的方式兼顾商业和文化。

(二)分类改革的方案

基于以上两点分类理由,不同目标的出版企业在产权多元化的改革过程中,可分别采取如下的改革方案:

1. 面向社会的出版企业保持国有股绝对控股

一般而言,发展目标多元的企业宜选择国家绝对控股模式。这类企业通常既要实现一定的社会目标,又要在一定程度上参与市场竞争。因此,这类企业既不能由政府直接经营,又不能完全按照市场化要求进行改革,而应选择国家控股模式,即在国有资本保持绝对控制力的条件下,引入多元化的产权主体(包括非公有资本),并通过股份制这种受法律保护和约束的契约关系来界定政府

---

① 舒新城:《中华书局编辑所》,《图书评论》1932年第1期。
② 伍联德:《再为良友发言》,《良友》1929年第36期。

和企业之间的"责、权、利"关系。产权多元化应该采取稳妥的方法,有组织、分步骤地推进。首先允许新闻、出版等领域的国有企业参股,继而允许其他行业的国有企业参股;待条件成熟后,可逐步引入一定比例的民营资本。在此基础上,建立起由国有股、国有法人股和非国有法人股、个人股组成的国有控股公司。

承担较多社会使命的国家级出版集团,例如中国出版集团、中国教育出版集团等可暂时选择国家绝对控股模式。另外,一些因正外部性较大而无法实现市场化生存的大学出版社也可以采用此模式。这种产权结构不能保证最大的经济效率,但却是国家实现政治和文化目的的必要手段。借助这种产权结构,国有资本可以在其所认为的关键出版领域具有较强控制力,也有助于出版体制改革进程的稳定性。但必须注意的是,即使国家绝对控股,政府也不能任意干预出版企业的微观决策,而要通过合法的手段监督出版企业的投资和经营活动,以保证这类出版企业具有一定范围内的独立性。

2. 面向市场的出版企业向非国有控股的混合所有制发展

如前所述,对于要完成市场化改造、成为市场主体的出版企业,国家就不宜再硬性规定国有资本在出版企业中的比例,特别是国有资本不应再坚持对出版企业的绝对控股权,否则政企不分、所有权不能转让等难题就会依然制约这类出版企业建立完善的现代企业制度,成为独立的市场竞争主体。这类出版企业可以改造成为上市或不上市的股份有限公司和有限责任公司,在国有资本逐渐退出的同时,形成国有资本、集体资本和非公有资本投资主体多元化的非国有控股混合所有制。对于国有出版企业而言,向非国有控股混合所有制方向调整产权结构,是通过释放出更多的国有股来引入更有活力和创造力的不同所有制主体,从而实现优化资本配置及效益最大化的目标。已经上市或正在等待上市的地方出版集团、绝大多数部委出版社和一些市场化程度较高的大学出版社的产权结构都可以转向非国有控股的混合所有制。

面向市场的出版企业向非国有控股混合所有制的方向深化产权改革,可以进一步减少企业的非市场化目标,提高企业的经济效益。有研究者曾以中国证券市场上市公司为样本,将 1998—2007 年期间混合所有制和非混合所有制企业的业绩进行比较分析后得到一个有意义的发现:从非混合所有制转变为混合所有制,对公司业绩有正面影响,特别是当转变后第一大股东的持股比例高于 40% 的情况下,能显著提高公司业绩。[①] 这意味着,出版企业转变为混合所有制时,控制权的转移具有重要意义。更直白地说,混合所有制出版企业的控制权由国有股转移给非国有股,有助于改善公司的业绩。这也在国内经验上支持了面向市场的出版企业向非国有控股的混合所有制发展。另外,这类出版企业主要涉足的是可竞争出版领域,在这些领域,国有资本的大量存在对提高经济绩

---

① 张文魁:《中国混合所有制企业的兴起及其公司治理研究》,经济科学出版社 2010 年版,第 131 页。

效不会发生积极作用。有研究发现,改制后仍然维持国有控股的企业,绩效改变是最不明显的;而改制后民营企业成为第一大股东的企业,绩效提高最明显,其次是管理层为第一大股东的企业。[①]

  需要指出的是,抛开意识形态问题不谈,尽管出版企业的产权结构向混合所有制发展有其他领域的改革经验可资借鉴,但是这些经验也还有待进一步的检验。作为我国渐进式所有权改革的产物,混合所有制有它的好处,如结合了国有企业资源优势和非国有企业的机制优势,但也有它的问题,特别是对于政府还拥有巨大权力干预经济的当下中国而言。首先,人们担忧混合所有制是否会蜕变为社会主义改造时期的公私合营。随着法律日益健全、产权保护力度不断加强,这种担心似乎是可以消除的。其次,鉴于私营企业都要与政府保持某种微妙关系的当下国情,人们对没有绝对控股权的政府是否会严格遵守公司治理制度也表示一定的怀疑。一直弥漫在出版业的较浓的意识形态氛围更是加重了这种疑虑。第三个问题正好与此相反。非国有股的持有者可能希望国家在企业中保留一部分国有股,其用意一般是希望改制后的企业仍然能够得到政府的某些政策扶持甚至救助。这种情况也会引发公司治理问题。可见,混合所有制企业的公司治理的改进,特别是政企边界的清晰化和不可逾越,可能比股权结构的改变更加重要。因此,面向市场的出版企业的未来改革重任,不仅落在产权结构的调整

[①] 张文魁:《中国国有企业产权改革与公司治理转型》,中国发展出版社 2007 年版,第 192 页。

上,而且将更长久地落在对公司治理的改善上。如果今后的实践证明,混合所有制并不能改善公司治理,那么面向市场的出版企业的产权改革还要另辟他途。

(三)不同类型出版企业的评价标准

一直以来,"社会效益"是我国出版业使用的重要评价指标。我国《出版管理条例》第四条规定,从事出版活动,应当"将社会效益放在首位,实现社会效益与经济效益相结合"。作为出版社转企改制的指导性文件,《关于进一步推进新闻出版体制改革的指导意见》也将"坚持把社会效益放在首位,努力实现社会效益和经济效益的统一"作为推进新闻出版体制改革的原则要求之一。[①] 不论"结合"还是"统一",社会效益的首要地位已经被政府主管部门多次强调,是出版企业开展出版活动必须遵守的重要原则。兼顾"社会效益"和"经济效益"的"双效标准"是我国计划经济和传统出版管理体制相结合的产物,曾在实践上有力地推动了我国出版事业的发展,具有积极的历史作用和深远的历史意义。

随着出版体制改革的不断深化,经营性出版单位转为出版企业后,要在与计划经济时代迥然不同的市场环境下生存和发展,出版企业首先要考虑经济效益,自我生存。于是,在具体的产业实践

[①] 《关于进一步推进新闻出版体制改革的指导意见》,http://www.china.com.cn/policy/txt/2009-04/06/content_17560588_2.htm。

过程中，以社会效益为根本的双效标准就显得越来越局促，其效力也有逐渐削弱的趋势。例如，在大多数出版企业，出版员工的奖金主要来源是图书的经济效益，即图书的销售码洋或销售利润，社会效益对奖金的贡献则主要依靠图书得奖来实现，而能够在社会上得奖的图书并不是很多。重视社会效益的出版企业可能会在企业内部组织对图书社会效益进行评定，以尽量缩小可能较悬殊的收入差距。对于适当平衡员工的收入，出版企业或许还有自己的办法，但是当出版企业无法获得市场肯定时，就不能够用"社会效益第一"的说辞来挽回投资者或消费者了，特别是上市出版企业，必须要靠实实在在的经济效益来吸引和回报股东。出版体制改革之初，出版管理者们就意识到"正确处理两个效益的关系，是出版社改革的特点，也是出版社改革的难点"[①]。至今，这一"特点""难点"依然摆在那里，如何"正确处理两个效益的关系"依然缺乏来自实践层面的有力回应。

但是，若将出版企业分为面向社会的和面向市场的两类，那么上述"难点"就能得到较合理的解决，所谓"特点"也可以继续发挥作用。对于少数面向社会的国有制出版企业，由于它们的目标是多元的，其主要任务是在市场失灵领域发挥重要作用，所以仍然可以继续坚持以社会效益为首位，社会效益与经济效益相结合的出版原则，通过市场和非市场相结合的方式实现社会效益和经济效

---

① 宋木文：《亲历出版30年——新时期出版纪事与思考（下卷）》，商务印书馆2007年版，第559页。

益的统一。但是,"双效"标准与面向市场的出版企业之间的紧张关系,在某种程度上限制了这类出版企业的市场化活动。在遵循企业和市场逻辑的前提下,需要为面向市场的出版企业找到更适合的评价标准。这一标准应该既不与出版企业的市场化活动产生逻辑冲突,又能够较有力地约束出版企业的非文化行为。为此,我们不妨借鉴国际上普遍采用的社会责任指标。

该指标主要以企业社会责任(Corporate Social Responsibility,CSR)理论为基础。阿奇·卡罗尔(Archie Carroll)是企业社会责任理论的集大成者。他在前人研究的基础上,对企业社会责任进行了定义:企业的社会责任包括社会于一个时间点上对组织在经济、法律、伦理、慈善等方面的期望。他据此提出了企业社会责任"金字塔模型",其中,经济责任位于最底层,其上依次是法律责任、伦理责任及慈善责任。也就是说,在这四种责任中,经济责任占最大比例,法律、伦理及慈善责任依次递减。

20世纪90年代以来,利益相关者理论被认为是可用于评估企业社会责任的最切实可行的理论框架,从而被企业社会责任的研究者广泛接纳和采用。利益相关者理论的引入让社会责任概念得以对象化、具体化。弗里曼(Freeman)认为,一个组织的利益相关者是可以影响到组织目标的实现或受其实现影响的群体和个人。[①]卡罗尔则更加严格地把利益相关者限于"那些企业与之互动并在

---

① R. Edward Freeman, *Strategic Management: A Stakeholder Approach*, Pitman Publishing Inc., 1984:46.

企业里具有利益或权利的个人或群体"。① 由此,社会责任也被明确定义为对不同利益相关者群体的特定责任,对"社会"的责任,从而具体化为对股东、消费者、雇员、供应商、政府等一系列利益相关者的责任。

建立在利益相关者理论基础上的企业社会责任,被具体化为与企业有利益关系的对象的责任,也即企业要对包括股东在内的利益相关者负责,满足利益相关者的要求。在履行对利益相关者责任的过程中,企业也相应地履行着经济责任和法律责任,并自主决定是否履行伦理责任和慈善责任。对于面向市场的出版企业来说,社会责任评价标准比"双效"标准更加合理、有效,这主要是由该标准的层次性和考核方法决定的。

首先,社会责任评价标准具有层次性,符合市场主体的发展规律。企业社会责任不是社会一味强加给企业的负担,而是企业为了更好地实现组织目标所采取的自觉行动,是企业在自愿基础上的自律行为,因此企业有权选择履行哪些社会责任。根据企业成长理论,企业是有生命周期的。在生命周期的各个阶段,企业具有不同的资源和目标,因此在不同的发展阶段,企业履行社会责任的能力是有差异的。企业履行社会责任是一个依据企业资源、企业发展阶段、发展目标和企业价值观,对经济、法律、伦理和慈善等方面的社会期望进行主动选择实施的过程。从具体内容看,企业社

---

① Archie Carroll, *Business and Society: Ethics and Stakeholder Management*, Cincinnati: South—Western, 1993:22.

会责任包括三个层次:第一层是必做之事,是企业必须履行的责任,即对利益相关者必须承担的经济责任和法律责任;第二层是应做之事,即企业应该履行的责任,即对利益相关者应该承担的伦理责任;第三层是愿做之事,即企业自愿履行的责任,包括对利益相关者承担的慈善责任。有了"必做之事""应做之事"和"愿做之事"的合理分层,企业在履行社会责任时才会目标明确、有的放矢,做"必做之事"并根据自身能力自主决定"应做之事"和"愿做之事"。

其次,社会责任标准拥有更具体的评估方法,对企业的评价更加科学。社会效益具有宏观性、长远性和潜在性等特点,相对于经济效益的"硬性指标"而言,更多是一种"软性约束"。社会效益一直以来都缺乏科学公正、具有普适性和操作性的考核体系,社会责任则发展出多种评估方法,弥补了社会效益评价标准的不足。常见的社会责任评估方法有声誉指数法、内容分析法、公司慈善法和KLD指数法等。美国经济优先权认可机构委员会还制定了社会责任标准 SA8000(CEPAA,1997)。SA8000 是继 ISO9000 和 ISO14000 后新的国际管理体系认证标准,其宗旨是确保供应商所提供的产品符合社会责任标准,保护人类基本权益。它规定了企业必须承担的对利益相关者的责任,对工作环境、员工健康与安全、工会权利等具体问题规定了最低要求,是第一个可用于第三方认证机构审核的社会责任认证标准,目前已在欧美国家强制推行。[①] 现有的

---

① 徐乃青:《上海:实行社会效益评估 探索出版管理新机制》,http://www.bkpcn.com/Web/ArticleShow。

企业社会责任评估体系已走向国际认证体系,适用于世界范围跨国公司社会责任的考核。

相对于"双效"标准,社会责任是更尊重企业独立性和盈利性本质、更具有操作性的评价指标和外部约束机制,在市场经济环境下能够有效地指导市场主体的出版活动。如果市场机制完善,面向市场的出版企业能以更加理性、更加清晰、更加具体的方式去追求赢利目标,并在此过程中,自觉地实现出版企业内在的文化责任。

二、对于"金股"制度的思考

所谓"金股",是指一股股份,在一般问题上只拥有如同普通股一样的一票权利,但在约定的重大问题上则具有一票否决权。这种制度在20世纪80年代的英国以及欧洲其他国家国有企业私有化过程中被广泛采用。例如,英国在公用事业、国防工业私有化过程中就实行了"金股"制度。当时,为了保护国有企业不被境外资本控制,以及防止国有企业私有化后不顾国家利益,政府与企业的新控制人约定,政府可以持有一份金股。在企业遇有并购重组等重大问题时,金股拥有一票否决权。与之类似的,还有美国对上市报企实行的"类别股份"制度、新加坡对报纸行业设置的"管理股"制度以及加拿大实行的"多投票权股"制度等。[①] 中国一些地方政

---

① 田海明、范伟军:《国有传媒企业实行特殊管理股制度的几点思考》,《中国出版传媒商报》2013年12月31日。

府在推行国有企业改制时也尝试过"金股"制度,但一些早期的实践表明,这种制度并不利于形成良好的公司治理。有学者甚至尖锐地指出,持有金股对于改制企业的公司治理转型没有明显益处但有明显害处。[①] 由于金股只需要一股就能发挥很大作用,因此对政府具有非常大的吸引力。当前,出版企业的产权改革在保证政府控制力和提高企业独立性的平衡中,始终无法得到有效突破,于是借鉴其他国家的"金股"制度推动出版企业的产权改革就成为一个研究热点。十八届三中全会公布的《中共中央关于全面深化改革若干重大问题的决定》(以下简称《决定》)明确提出:对按规定转制的重要国有传媒企业探索实行特殊管理股制度。《决定》中所指的"特殊管理股"在功能上就类似于英国的"金股"。理论上,"特殊管理股"能在大幅减少国有资本持股比例的基础上保证国有资本在出版企业的控制力,较好地实现政府控制与企业自主之间的平衡。但为了不重蹈其他行业的失败结果,"特殊管理股"制度必须首先进行周密、合理的设计,不宜轻率采用,也不宜在出版产业大范围展开。原则上,它只适合极少数必须保持国家控制权的重点出版企业,由其取代国有资本绝对控股来保障国家在某些重要事项上的控制权,从而进一步提高国有资本的效率。

三、重视人力资本的产权激励

所谓激励,是引起一个人做出某种行为的某种东西,诸如惩罚

---

① 张文魁:《中国国有企业产权改革与公司治理转型》,中国发展出版社2007年版,第156页。

或奖励的预期。由于理性人通过比较成本与利益做出决策,所以他们会对激励做出反应。[①] 20世纪60年代以来,经济学家们发现,人力资源,特别是人掌握的知识和技能对经济增长的贡献非常大,因此人力也被看作是一种资本。这种资本可以理解为天然属于个人的资产。诸如掌握和运用知识的技能、负责、创新、冒险、对潜在市场机会的敏感等一切具有市场价值的人力资源,不但总是附着在自然的个人身上,并且只归个人调用和转让。[②] 激励人力资本的拥有者主动增加其人力资本的供给,是现代企业公司治理中不能回避的内容。根据人力资本拥有者在企业中的不同地位和作用,激励又分为对经理人的激励和对员工的激励。在所有激励方式中,人力资本的产权激励被普遍认为是最具激励效应的途径和方法。人力资本产权激励是要在一定程度上实现产权人格化,如企业重要人员享有一定股权,并以这个产权份额保证对他们长久的责权利激励和制约,即实现孟子所云的"有恒产者有恒心"。其中,对经理人人力资本的产权激励得到了更广泛的认同和采纳。

现代企业和20世纪中期的企业不同,20世纪的企业一般由大股东充当高层管理人员,而现代企业的特点是它的法人治理结构中支薪专业人员的作用更加突出,即企业主要高薪聘请经营专家进行治理。在现代企业中,所有者(股东)把财产委托给董事会经

[①] 〔美〕曼昆:《经济学原理——微观经济学分册》,梁小民、梁砾译,北京大学出版社2009年版,第7页。
[②] 周其仁:《产权改革与制度变迁》,北京大学出版社2004年版,第184页。

管。董事会承担受托责任，代表全体股东管理公司的法人财产，从大政方针到执行人员，如总经理的任免和报酬都由董事会全权决定。董事会聘任的高层管理人员在董事会授权的范围内行使职权，不受个别股东的干预。在这个意义上，企业实际控制在经理手中。也就是说，在资本所有权和控制权分离的股份制企业中，经理对企业成长和经营成败负有直接责任。"两权"分离产生的委托代理问题要求委托人设计一个最优激励约束机制，把代理人的个人利益与企业利益联系在一起，即把他们的收入与他们的经营业绩"捆绑"起来，从而让代理人从自身利益出发选择对委托人最有利的行为。

对经理人的激励分为企业外部和企业内部两种。在企业外部，产品市场的竞争、公司控制权市场的竞争（或称资本市场的竞争）、劳动力市场的竞争都会对经理形成激励。第一，管理不善的企业没有利润就无法生存，所以产品市场竞争会约束经理；第二，公司被兼并收购也提供了激励，因为兼并收购成功之后经理往往被换掉；第三，把企业搞得一塌糊涂的经理在劳动力市场上将面临个人资本大幅贬值的窘境。相对企业外部——市场的激励，来自企业内部的报酬激励会对经理的行为产生更直接的影响。经理报酬一般由工资、奖金、股票和股票买卖选择权构成。[①] 每一种报酬形式都既有优点，又有缺点。最优的报酬设计应是所有不同形式

---

① 钱颖一：《企业理论》，《经济社会体制比较》1994年第4期。

的最优组合。在最优组合中,表现为股票形式的报酬——产权激励,最具刺激作用。产权激励是对经理人这种稀缺人力资本的首要激励,是最具激励效应的途径与方法,是长期激励的一种有效形式。他们通常在既享有应得的财富又承担投资风险责任的同时,自觉地将对个人效用最大化的追求转化为对企业价值最大化的追求。

在日趋激烈的市场竞争中,具有独特个人禀赋的经理人被赋予"企业家"的尊称。他们不再是传统"企业家"概念所指的创业者,而是企业新的生命周期的开拓者,企业未来走向的引领者。伊迪丝·彭罗斯(Edith Penrose)认为,企业家管理是企业持续成长的必要条件。[①] 现代出版企业对商业价值和文化价值的完美实现,在很大程度上依赖于那些可以达至"出版企业家"境界的经理人。他们对出版企业的经营,更多着眼于企业的长盛不衰。张元济、邹韬奋、陆费逵、王云五等民国时期的出版家就是他们中的杰出代表。他们具有"创新、冒险、不满足和英雄主义"的企业家精神,能够在激烈的市场竞争中和优胜劣汰的无情压力下坚守出版的价值观。出版企业家是出版企业最稀缺的资源,出版企业之间的竞争往往就是企业家之间的竞争,甚至社会文化的高低走向也与他们的文化选择息息相关。对于这样的经理人,社会在给予极高敬意的同时,也要完善对他们人力资本的经济激励。民国时期,商务印书馆

---

① 〔英〕伊迪丝·彭罗斯:《企业成长理论》,赵晓译,上海人民出版社2007年版,第36—49页。

遵循委托代理理论的基本原则,将总经理的收入与公司的资产相联系,不仅给总经理很高的月薪、花红,而且让总经理直接拥有公司一定比例的股权,形成了对经营者完善的经济激励,从而在制度上实现了经理人个人利益与公司利益的"捆绑"。商务印书馆的前后两任重要决策者——张元济和王云五,都是带着一定股份进馆的。张、王二人在商务印书馆占有股份,意味着他们与原股东之间不是简单的雇佣关系而是平等的投资者关系,这让他们在重大企业决策上也有了更强的话语权。历史也证明,张元济和王云五某些事关企业发展大局的力排众议的决策,在很大程度上成就了商务印书馆在民国出版史上的辉煌。有研究者对出版行业上市公司管理层持股与公司绩效的关系进行过全样本的实证分析,得出了两个实证结果:一、我国出版业上市公司管理层持股显著促进公司绩效的提高;二、出版业整体绩效表现不理想,缺乏可持续增长能力,管理层持股比例普遍较低,没有充分发挥管理层持股的激励效应。[①] 这说明对经理人的股权激励已经成为影响出版企业发展的重要因素。

重视对经理人的产权激励能够改变对出版企业家隐性激励过多而显性激励不足的问题。然而,当前出版企业实行对重要经营者的产权激励不仅面临产权制度上的一些阻碍,而且还受到经理人职业化程度较低、官本位盛行等干部管理体制问题的约束。例

[①] 朱乃平、韩文娟、凌隽:《关于出版业上市公司管理层持股与公司绩效的实证分析》,《出版科学》2013 年第 6 期。

如,现今出版集团的管理者,大多是厅局级,甚至还有副部级。原中央部委出版社级别一般是正局级,社长一职往往成为安排干部、解决干部级别待遇的一个去处。大学出版社的社长也一般在学校管理层任职并有教授头衔。出版企业有行政级别,自然也就成了宣传文化口党政部门派遣干部、解决某些人职务提升的一个重要出口。[①] 总之,当前出版企业的一把手都有行政级别,是由政府任命而非经理人市场选择的结果。若出版企业经营管理层无法实现职业化,出版企业的重要经营者不能从受政府机构聘任的"官员"转为受聘于出版企业的资产所有者,经理人的人力资本产权激励就无法合理实现。而且,如果现行的干部制度不能适应公司制下的经理人员选聘、授权和监督的要求,出版企业就可能和原来一样,名称虽然改了,但仍旧是上级行政主管机关手里的"算盘珠子",经营者也难以改变长期形成的"党叫干啥就干啥"的惰性思维。

除了对经理人人力资本的股权激励外,出版企业还需要充分重视对骨干人员的产权激励。出版业属于知识密集型产业,人才资源因而显得弥足珍贵。与其他工商企业相比,出版企业的发展主要靠编辑的智慧、从业经验、人脉资源等个人素质。可以说,这些出版骨干是出版企业基业长青的活水源头。有资料显示,有些编辑个人一年创造的码洋可以占到整个企业全年码洋的一半以

[①] 范军:《略论出版业经营管理类领军人才的企业家精神》,《出版发行研究》2012年第11期。

上。这也解释了为什么两三个人的民营出版企业依然能够做得有声有色。从出版企业对人才的依赖度来看，让出版企业的骨干人员享有一定的股权，能够激励他们更多地提供人力资本，对出版企业的长期发展是有利的。

总之，出版企业和一般企业一样，应重视对经理人的激励，从而将他们的个人利益与企业的利益"捆绑"在一起；而且不同于一般企业，对骨干人员进行充分的激励也更有益于出版企业的发展。在最优激励的组合中，对人力资本这种天然属于个人的资产进行显性的产权激励是必要的，否则人力资源拥有者有可能凭借其事实上的控制权"关闭"有效利用其人力资源的通道。虽然各出版企业当前对经理人和骨干人员的产权激励遇到的具体问题有所不同，但它们都有一个共同的诉求，即承认人力资本可以转化为非人力资本的产权。这意味着，出版企业的产权改革最终将指向个人产权。

第4章
出版市场的完善:增强市场竞争

　　新制度经济学在对企业进行深入分析的时候,从没否认过市场在企业成长过程中的作用,也从未否认市场竞争环境是企业效率的重要前提。对于企业而言,主要表现为产权的组织激励和市场力量是既相互代替,又相互补充和相互依赖的。在体制转轨过程中,我国出版企业一方面要通过产权改革实现市场主体到位,另一方面也要尽快提高依靠市场生存和发展的能力。上一章对出版企业的产权改革进行分析时,市场被假定是完善的,市场竞争是充分存在的,而这一假定与我国出版市场的实际情况有较大的出入。因此,本章将转向对出版市场的研究,即在假定出版企业产权改革到位的条件下,探讨如何完善出版市场、增强市场竞争,从根本上转变我国出版企业主要依靠垄断力量的发展方式。

第一节 新古典经济学的市场理论

在市场机制起着决定作用的新古典经济学中,企业被视为投入与产出之间的生产转换函数,资源的配置由某种业已规定好的法则支配,企业的最优生产只受企业外部因素的影响,与企业内部的组织结构和组织安排无关。这个外部因素就是市场。"市场通常是组织经济活动的一种好方法"是新古典经济学的重要原理。在由买者和卖者组成的市场中,买者作为一个群体决定了一种产品或劳务的需求,卖者作为一个群体决定了一种产品或劳务的供给。市场中的所有人都主要关心自己的福利,没有一个人追求整个社会的经济福利,但却导致了合意的市场结果,不仅个人的生活水平得以改善,社会生产力和经济效率也整体上得以提高。

市场的动力源于竞争,市场的繁荣源于竞争,市场的本质就是竞争。竞争过程和它的结果能够以最经济的方式提供信息,因而能够行使一种自然的和有用的激励机制。例如,在一个市场高度竞争的产品上,一个企业受到竞争者的约束,它不可能售出高于其竞争者价格的产品。因此,随着产品市场竞争性的加强,企业成本最小化行为的激励也会被不断地加强。① 同理,经理人市场的竞争也会对经理人施加有效的压力。这个市场会根据经理人过去的表现计算出其将来的价值。这促使每个经理人要顾及长远利益,努力工作,给市场留下"好印象",以便提升其未来的人力资本价值。总之,竞争对于企业的许多效果都可以归结为它作为一种激励机制和发现机制的作用。约翰·维克斯(John Vickers)认为,即使在私有化未发生的地方,使公有企业面临竞争也具有优越性。② 这是因为竞争创造了创新的机会,对手企业可能有引进新技术或新产品的激励,同时,企业内部的生产效率可以提高,这是由竞争的威胁对企业管理者的约束效果所导致的。只有竞争充分发挥作用,才能保证市场发挥优胜劣汰的机制作用,才能保证消费者的需求按照最好的质量、最大的数量和适当的价格得到最充分的满足。

竞争是伴随市场过程展开的。随着市场过程的启动,每一个买者或卖者根据其可选机会获得的新知识来修正他的叫价或供给,并期待在市场其他地方发现其诉求。在每一个时期及其后继时期中,决策的系统可选择性使得提供给市场的机会较前一时期更具竞争性,即可观察到市场中有更多其他可得机会,由此引致的必然是竞争。市场竞争向企业传达的信号是:如果知道自己比竞争者为市场创造了较少吸引力的竞争机会,那么自己的目的将无

---

① 刘小玄:《中国转轨过程中的产权和市场——关于市场、产权、行为和绩效的分析》,上海三联书店、上海人民出版社 2003 年版,第 44—45 页。
② John Vicker and George Yarrow, *Privatization: An Economic Analysis*, Massachusetts Institute of Technology, 1997:51.

法实现。这一信号暗示企业必须向市场提供比自己的竞争者更具吸引力的机会,否则无法领先对手。这样,在市场过程中,一个企业就会一直持续地检验他们的竞争者。接下来,竞争者们一旦警觉到对手的变化,就被迫提供更加取悦市场需求的机会。在这种领先于竞争者的市场斗争中,由市场竞争过程驱动,企业越来越被引向以其最大能力限度参与其中。[①]

上述市场理论为我国出版企业改革提供了重要的理论启示。市场在造成最大程度的竞争方面是成功的,也成功地导向了最大的创新、最低的价格、最丰富多样的产品等。在充分竞争的市场中,即使最强大的公司也必须持续创新,降低成本,改进生产能力,以维持其在市场中的优势地位。在出版产业化的发展过程中,要充分重视市场的作用,完善的出版市场是出版企业提高竞争力、做大做强的必要条件之一。

第二节 完善出版市场的措施

如第二章所述,由于历史原因和体制原因,我国出版市场主要存在着由行业壁垒、地区壁垒和所有制壁垒这三大壁垒导致的市场分割和垄断问题。从具体市场结果来看,行业壁垒和地区壁垒

[①] 〔美〕伊斯雷尔·柯兹纳:《竞争与企业家精神》,刘业进译,浙江大学出版社2013年版,第9—11页。

阻碍了国有出版企业跨地区、跨媒介的资源整合,也是造成各大出版传媒企业无法进一步实现"规模经济"和"范围经济"的一个重要原因;所有制壁垒则将效率更高的民营出版企业排除在体制之外,以巨大成本维护着国有出版企业垄断市场的格局,在整体上降低了产业的效率。当前,这三种壁垒已经严重地限制了国有出版企业之间、国有与非国有出版企业之间的公平竞争,导致市场没有充分发挥出配置资源、优胜劣汰的功能。和新古典经济学所描述的市场相比,我国的出版市场还有待改善,以进一步恢复市场的竞争本质。

我国出版市场的完善,重点在于打破各种市场壁垒,让出版市场变得更加统一和开放,从而形成充分竞争的环境。在各种壁垒中,行业壁垒和地区壁垒共同形成了出版市场的"井"字条块分割结构,所有制壁垒则造成了国有制垄断市场的结果。各种壁垒形成的原因和顽固程度是不同的,这也决定了去除壁垒的方案各不相同且难易有别。

一、统一媒介管理,打破行业壁垒

一直以来,我国采用媒介分开管理的制度,不同的媒介受不同的媒介管理部门垂直领导,图书、报纸、期刊等平面媒体和音像等媒介的领导机关是原国家新闻出版总署,广播、电视和电影等媒介的领导机关是国家广播电视电影总局,文化艺术事业的管理部门是文化部(局),互联网的管理部门是国家工业与信息化部。以新闻出版和广电行业为例,媒介的条块分割造成广电集团与出版集团老死不相往来,平面媒体不得进入广电,广电也难以进入平面媒体。

在互联网和数字技术的推动下,现代传播体系逐渐由各行业的单打独斗走向一体化,形成"大文化产业"概念。新闻出版、广播影视等文化行业开始产生跨界融合的需求,广电越来越需要借助新闻出版的内容资源,而新闻出版则需要借助广电的传播渠道,从而在专业基础上实现最大化的覆盖面和经济收益。在"大文化产业"的概念下,新闻、出版、广播、影视等文化企业需要从单一、孤立的内容生产转向"价值链"的构建,在大文化产业格局中寻找新的定位。这要求产业链相对较短的出版企业不能仅仅局限于内容的一次开发,而要以版权为核心,对内容资源进行立体开发、多元经营,通过衍生产品或服务获得更大的影响力和更丰厚的收益。我国出版企业通常掌握着优秀的内容资源,但在延伸产业链方面却作为不大。除了自身体制机制不灵活的问题之外,出版企业的跨行业发展还受制于各媒介分开管理的制度。例如,出版传媒集团近年来纷纷加快在新媒体业务和技术上的建设步伐,但是依托集团传统内容开发多媒体产品,必须分别申办网络出版资质和影视制作资质,手续繁琐且审批时间长。

为了适应横向交叉的媒介融合现实,改变按照单一的基础平台垂直管理的传媒规制手段,近年来全国开始试点建立大部门体制、推动大文化发展。在部分地区,文化、广电和新闻出版局等部门已实行"三局合一"。2013年3月14日,全国人大十二届一次全体会议,通过决议批准国务院组建"国家新闻出版广电总局",统领新闻出版和广播影视,实现了中央层面的"二局合一"。目前,各地方纷纷在省新闻出版局和省广电局基础上,重新整合组建省新闻出版广电局(版权局)。实际上,"署局合并"也是国家大部制改革在媒介管理领域的必然产物。大部制的提出,旨在解决我国政府管理中长期存在的行政职能条块分割、碎片化,以及由此引致的资源浪费和行政效率低下的问题。因此,"署局合并"的关键不是两个不同文化领域管理部门的简单合并,更重要的是重新界定各部门的职能,并对原有部门的职能进行必要的调整,即要切实依据业态发展现状合理确定不同部门管理权限的边界。下一步,国家和地方新闻出版广电管理部门要协调好部门之间的利益关系,整合内部各种资源和要素,建立有效的行业协调机制,从而完成从组合、整合到融合的质变,最终打破部门保护主义。为此,原各部门应以超越小部门利益的眼光和思维,从文化产业发展的大局来考虑去除行业壁垒的问题。不同媒介或行业之间的融合和交叉是未来文化产业发展的趋势,因此从政府规制上打破行业分割,促进相互渗透和融合,符合文化产业发展的内在规律及社会利益的最大化。

媒介管理制度的创新必将有力推动出版传媒集团在跨媒介、跨行业方面的兼并重组。在国家致力发展文化产业的大背景下,媒介管理权的统一既有利于协调部门分歧,又可促进真正意义上的跨媒体、跨行业整合。随着数字化、网络化技术的成熟,新闻出版广播电影电视资源将得到更好的统筹,多媒体乃至全媒体将加速发展,进而有望诞生一批多元化经营的大传媒集团,个别实力强大的出版传媒集团也有可能渗透至电影电视领域。去除行业壁垒后,上市出版企业闲置的募集资金也有了更多的募投方向。总而言之,微观层面的传媒力量的有效整合是检验媒介管理统一体制的重要标准。

当前,同一地区的跨行业重组已经开始出现。例如,2013年9月,中南传媒与湖南教育电视台合资创立"湖南教育电视台传媒有限公司",中南传媒持有公司60%的股份。公司将提供湖南教育电视台除时政类新闻节目以外的其他所有节目,优质的电视节目包含电视剧版权还可以出售给其他的电视台或新媒体。由于同一地区出版企业和广电企业之间的联合重组不仅使得地方利益的外溢不复存在,而且能够为当地政府增添政绩,因此会得到当地政府的大力支持。但是,跨地区的行业联合重组就不像同一地区那样容易实现了,会受到更加牢固的地区壁垒的阻碍。

二、深化产权改革先行,打破地区壁垒

如第二章所述,地区壁垒已经成为我国出版企业进一步做大做强的阻碍之一,它使出版集团受制于主业,因缺乏拓展空间而不得不转向其他产业。要迅速扭转这种"肥水不流外人田"的利益独享思维,打破"画地为牢"的行政保护格局是极其困难的,因为这不

单单涉及地方之间出版经济利益的博弈和重新分配,也会影响到地方政府的政治利益。

地方政府对出版经济利益的重视与财政分权制度密切相关。建国后,我国并没有选择像前苏联那样高度集权的中央计划经济体系,而是形成了中央和地方分权的中国式财政联邦模式,在中央政府下放权力后,地方政府开始拥有自主发展地方经济的激励机制,它们在积极发展本地经济的同时,也向地方市场伸出了"保护之手"。在这种财政分权模式下,以地方政府和其附属地方国有企业为主角的利益集团得以不断壮大。各地方政府在推动经济改革的同时,也会从维持现有既得利益和再发展的角度形成地方保护主义。在出版领域,向地方政府上缴利润的压力刺激了地方出版社的发展,也驱使当地政府采用各种行政手段来保护本地出版企业,以阻碍经济上更有效率的非本地出版企业的进入。目前,各地基本上都将本地大多数出版企业进行组合,成立了出版集团,地方政府是集团公司的唯一股东。在当地,出版集团通常是地方财政的利润大户,能为地方政府GDP增长做出较大的贡献。在不改变中央和地方政府两级分权政策的前提下,地区壁垒无法像行业壁垒那样主要通过行政手段加以消除,只能更多地寄希望于市场化方式,其前提条件是市场主体的真正存在。

在股份制改造过程中,各地出版传媒集团之间的互相参股向打破地区壁垒迈进了一步,如辽宁出版集团占新华文轩0.58%股份,时代传媒股份有限公司先后参股皖新传媒1.30%和读者传媒

1%，并向黑龙江出版集团定向增发400万股。① 当前，出版企业之间的参股比例较小，主要收获也只是财务上的一些收入，并不能在破题地区壁垒方面发挥实质性的作用，需要进一步扩大持股比例直至控股，才能真正在操作层面打破地区壁垒，而这必将涉及地方政府之间的利益博弈。如果不能做到政企分开，那么各地政府都会从各自的利益出发，阻碍出版企业之间的产权交易。直至目前，鲜见类似凤凰传媒股份有限公司对海南发行集团控股的跨地区兼并重组的成功案例。其实，江苏凤凰对海南出版发行集团的兼并重组也是在两地政府都同意的情况下才取得成功的。因此，打破地区壁垒，让出版传媒企业通过跨地区兼并重组做大做强，最终还是要回归到出版企业的产权改革，即通过到位的产权改革来塑造政企完全分开的市场主体。

除了要保护经济利益不被其他地方的出版企业分割外，政治利益也是地方政府不愿放开出版市场的重要原因。受目前研究所限，虽然本文不能确定在导致地区壁垒问题上这两种利益孰重孰轻，但可以肯定的是，地方政府保护当地出版企业一定存在着与比保护当地非意识形态企业更多的政治目的。简单地设想一下，除了《人民日报》这类中央级媒体，地方政府能够允许非本地媒体进入本地市场并对当地政府进行批评吗？答案是显而易见的。不仅地方政府如此，国有企业也会通过收购一些媒体来消除对自己的

---

① 蓝有林、田丽丽、张攀：《上市书企互相参股带来什么》，《中国图书商报》2013年3月12日。

负面报道。① 在出版还被政府官员简单地视为政见宣传的工具时,在出版权需要特别审批才能获得时,地区壁垒就不仅仅是单纯的经济因素导致的。因为即便出版企业不赚钱、甚至亏损,当地政府也有养着它们的政治动机。最近的一些腐败案例,也曝出政府官员通过违法手段动用媒体粉饰宣传自己的内幕。因此,本文认为,仅仅通过对出版企业进行更加彻底的产权改革来消除地区壁垒还是不够的。如果我们死守出版的意识形态属性,如果出版权利仍是特批的资源,去除地区壁垒就还有很长的一段路要走。

三、放松市场进入规制,去除所有制壁垒

所有制壁垒实质上是一种与竞争相对立的垄断。垄断有经济垄断和政治垄断两种。前者是指,在特定的一个物理区域,一种商品只有一个供应商,经济垄断只会产生属于竞争一部分的自然壁垒;后者是指,政府动用强力为一个或多个销售者保留市场或一部分市场,政治垄断导致的壁垒是政府强加的,需要动用暴力来贯彻实施,因此也是逆竞争的。我国出版市场的所有制壁垒源于国有国办的出版管理理念,是由当时的政治和经济制度决定的,有其历史特殊性和合理性。转向市场经济后,这一管理理念正承受着来自市场越来越大的压力。

市场交换的内容是不同所有者之间的产权交换。若全社会只

---

① 朱玥:《国家电网为何大手笔投资媒体》,http://big5.jrj.com.cn/gate/big5/finance.jrj.com.cn/2014/02/18173816695847.shtml。

有国家(政府)这个唯一的所有者,那就根本不可能有真正的市场交换。因此,任何一种市场取向的改革,早晚都要打破国有制的垄断。打破国有制的垄断主要有两种方法:一是对国有企业进行产权改革;二是放松进入规制,允许非公有企业进入市场。上一章已经对国有出版企业的产权改革进行了分析,本章将阐述打破国有制垄断的第二种方法,即出版管理部门放松对出版市场准入的规制。和政府下决心清除行业壁垒和地区壁垒不同,去除所有制壁垒、向民间开放市场还未获得政府的认可。因此,这里首先论述向民营出版力量开放市场的现实基础,然后再说明放松市场准入的逻辑和方向。

(一)放松市场进入规制的现实基础

放松出版进入规制,允许民营出版企业与国有出版企业同台竞争,主要基于以下两点现实基础。

首先,民营出版是文化生产和创新的重要力量。我国国有出版企业一般有着比较厚重的历史积淀和较为丰富的资源积累,拥有一批可经受时间考验的常销书,还能时常申请到出版项目和出版补贴,因而有着较为稳定的营业收入。无论从现有实力还是掌握的资源来看,当前多数国有出版企业与民营出版企业相比都具备较大的优势。然而,在某些出版领域,民营出版企业已经通过更高的效率和市场表现证明了它们存在的意义和价值。据有关数据的不完全统计,近年来在全国各大榜单上榜的畅销书中,大约有

60%来自民营出版企业的运作,只有40%左右来自国有出版企业的自主开发。① 这充分说明了民营出版力量和国有出版企业一样,也具有较强的竞争力和文化创造力。磨铁图书、盛大文学和现代传播等企业案例将为此提供更有力的证明。

案例1:磨铁图书

磨铁图书成立于2007年,是专注于大众类图书策划发行的民营图书公司,年度策划图书保持在500种以上。仅仅成立两年后,公司就实现了图书发行码洋5亿元的惊人业绩。近几年,磨铁继续保持着稳健的发展态势:2010年至2012年的图书发行码洋分别为6.6亿元、7.5亿元和8.6亿元。根据第三方调查机构"开卷"的抽样统计数据显示,2012年磨铁图书在"大众图书出版"领域的码洋占有率为1.31%,在所有出版机构中排名第七。因良好的经营业绩和成长性,磨铁图书被《中国企业家》杂志评为"21未来之星——2011年最具成长性的新兴企业",成为21家获奖企业中的两家文化传媒类企业之一。2012年,磨铁图书入选《福布斯》杂志"2012中国最具潜力奖"。②

案例2:盛大文学

2008年成立的盛大文学,是盛大集团旗下文学业务板块的运营和管理实体。经过短短几年的发展,盛大文学已经成为国内最大的民营出版公司。它通过VIP阅读制度和微支付奠定了网络文

---

① 路英勇、何奎、宋志军:《畅销书去哪了》,《中国出版传媒商报》2014年3月7日。
② 参见磨铁图书官网,http://motie.net。

学的行业基础和商业模式。盛大文学旗下现拥有 160 余万作者及丰富的内容资源。有些点击率高的作家年收入已经达到百万元。凭借"几分钱"的微支付模式,盛大文学 2009—2011 年营业收入分别达到 1.35 亿元、3.93 亿元和 7.01 亿元,三年的营业收入年均增长率达 128.3%。[1] 盛大文学不仅拥有传统出版企业的作者资源和读者群,而且还在商业模式的创新方面超越了传统出版企业。2012 年,盛大文学已占全国同行业总收入的 71%,年收益超过 10 亿元。

案例 3:现代传播

现代传播开办于 1993 年,旗下拥有《周末画报》《新视线》《生活》《汽车生活》《东方企业家》《优家画报》《LOHAS 健康时尚》《商业周刊》《号外》和《大都市》等多个期刊。2009 年,公司在香港主板上市。目前,现代传播拥有 1 000 多名员工,覆盖全国超过 25 000 个销售点的发行网络。2011 年、2012 年的收入分别高达 5.6 亿元和近 7 亿元。[2] 现代传播的创始和每一步发展,都抓住了国有出版企业逐步退出的机会,将国有出版企业"收拾不好的烂摊子"经营得有声有色。

在这三个案例中,磨铁和现代传播经营的是与传统出版企业相同的出版业务。它们是在支付给国有出版企业经营成本后,从

---

[1] 赵洁:《唐家三少申请吉尼斯纪录 盛大文学再辟新商业模式》,《出版参考》2012 年第 15 期。
[2] 祝君波:《盛大、嘉德、现代启示录》,《编辑学刊》2013 年第 1 期。

落后的起跑线上出发的,最后反超,将多余的成本消化掉并实现赢利。盛大文学则在纸媒有限的且还在缩小的空间里,发现了新的需求,并向传统出版和影视等产业链延伸。这三家民营出版企业相对国有出版企业的竞争优势不是来自多年积累的资源,而是主要来自体制所形成的竞争力:一、民营出版企业的所有者是风险的真正承担者,他们用自己的真金白银参与市场竞争,因此在重大决策上既慎重又迅速,不会贸然行动、轻率决策,也不会因为不敢承担风险而错失市场机会;二、民营出版企业的经营者不受任期制的行政约束,从而减少了短期行为。而国有出版企业负责人受任期的局限,很难从企业的长期发展目标出发开发和培育新需求、新市场及新产品;三、不受限制的产权结构使其更便于吸纳各种社会资本形成合力,经营灵活性极强,而国有出版企业受体制所限,经营灵活性较弱。

其次,出版产业的发展不可能置身于中国经济转轨的大格局之外。在中国经济转轨过程中,竞争行业通常要从垄断型向垄断竞争型和完全竞争型转变,其实质就是让国有资本逐渐退出可竞争领域,实现从行政主导向市场导向的转变。欧美出版业、我国民国时期的出版业以及我国出版业多年来的市场化探索和实践,都充分证明绝大多数出版领域是可竞争的。在可竞争的出版领域坚持保留所有制壁垒,实际上是人为压制市场内在的竞争本性,这与产业化的发展逻辑是背道而驰的。

(二)放松市场进入规制的逻辑和方向

制度变迁的渐进性特征决定了出版市场的开放不可能一步到位,要经历一个逐渐放开、逐步增强竞争的推进过程。对当前出版市场特征的经济学分析,将有助于我们理解市场进入规制放松的逻辑和方向。

按照产权结构和相应的市场结构,我国市场可分为完全的政府垄断型、国有企业主导的垄断竞争型、国有企业主导的竞争型和一般的竞争型等四种不同的类型。[①] 这主要是根据国有企业在市场上所占比重(产权结构)及市场的进入或退出是否受到严格控制等主要因素来划分的。完全的政府垄断市场的最根本特征是国有企业占很高的比重,通常来说,这个比重至少达到70%以上。[②] 其表现出来的主要市场特征是,集中率并不太高,利润率在产业间的分布极其不同,例如卷烟制造业的利润率可高达20%以上,自来水生产的利润率有可能不足1%。无论是从国有企业所占比重还是市场特征来看,出版市场都属于典型的完全政府垄断型。首先,100%的出版企业为政府所有。虽然民营出版企业在诸如畅销书、教辅等领域表现出较强的策划实力,但由于民营出版企业至今还没有获得名正言顺的出版资质,主要采取与国有出版企业合作的

[①] 刘小玄:《中国转轨过程中的产权和市场——关于市场、产权、行为和绩效的分析》,上海三联书店、上海人民出版社2003年版,第8—9页。
[②] 同上书,第102页。

方式来参与出版,因此从产权结构来看,我国出版市场是完全由国有出版企业构成的。再者,当前出版市场特征也基本与完全政府垄断市场相符,产业集中率较低[1],利润率处于暴利行业(如:20%以上)和负利润行业之间。例如,截至 2012 年 9 月 30 日,出版上市公司的销售净利率为 9.78%[2],表现出出版业整体一般的赢利水平。但是,各出版企业的赢利能力差距是比较大的,在高度垄断的教材出版领域,有些出版企业的利润率可高达 20%以上(见表 4.1 和表 4.2),而一些读者群较窄的高校出版企业,利润率能够维持在 3%—5%之间就已经相当不错了。

表 4.1　人民教育出版社 2011—2013 年主要营业数据

年份	2011	2012	2013
销售收入(亿元)	18.5	24.5	28.4
利润(亿元)	5.8	6.7	7.4
利润率(%)	31.4	27.4	26.0

数据来源:人民教育出版社内部资料。

表 4.2　人民教育电子音像社 2011—2013 年主要营业数据

年份	2011	2012	2013
销售收入(亿元)	4.6	5.3	5.8
利润(亿元)	1.2	1.4	1.7
利润率(%)	26.5	26.3	29.5

数据来源:人民教育电子音像社内部资料。

---

[1]　如果以出版集团来计算集中率,则结果会大为不同。
[2]　王文杰、谢杨梦薇:《出版上市公司经营绩效分析》,《出版发行研究》2013 年第 1 期。

完全的政府垄断市场有其独立、封闭的空间结构,这种结构能够保证企业获得相对可观的利润率。但是,由垄断保证的高利润率并不能说明出版企业竞争力和产业实力的强大。市场结构和产权结构都决定了当前出版产业在垄断环境下整体相对较低的效率。产业的总体情况是通过贡献加总分量的企业行为表现出来的。通常来说,目标行为是企业最基本、最重要的行为,决定着企业的市场行为。企业的绩效首先是企业基本目标行为的结果,然后才是企业市场行为的结果。市场经济下私有企业的目标行为是利润最大化,而国有企业的目标行为则明显地表现为非利润最大化,而是以其实际控制者的效用最大化为目标的行为,例如作为政府官员的国企管理者对政绩目标的追求。由于出版具有文化属性,而且我国出版业还被赋予强烈的意识形态属性,因此出版企业的基本目标行为更加多元、不易把握甚至经常是相互冲突的。

首先,相对于改革之前,出版企业不同于以往的出版单位,它们有了更大的生产经营权、财务自主权、收益分配权和人事调配权,以及投资自主权。然而,企业的所有者——政府——依然在一些重要方面控制着企业,如出版企业一把手的任命、出版资源的分配等。在这个意义上,出版企业的行为不是独立的,而是作为所有者的政府行为和企业经营者行为的综合。譬如,当前出版市场上的集团化行为主要是企业的所有者决定的,而不是企业的经营者决定的。地方出版集团和国家级出版集团的组建,无不体现着政府的利益要求,鲜见源于出版企业自身的主动诉求。再比如,出版企业之间的兼并重组也主要是地方政府之间谈判的结果。

其次,尽管政府垄断是出版市场的基本特征,但它是通过若干个出版企业来实现的。集团化之前,全国有500多家出版社,每个省级行政区域都配置了业务基本相同的出版社。集团化之后,每个行政省也都在原有出版社的组织架构上组建了省域出版集团。为了减少各企业为一定程度上的自身利益而产生竞争,作为所有者的政府需要不断协调出版企业之间的关系。政府主要通过划分设定出版市场势力范围来大致确定出版企业的利益范围,如各省域本版教材的推出,除了文化多元性的考量之外,也是为了在人教版教材和各地本版教材之间达到某种利益平衡。

出版市场的垄断性及其导致的出版企业之间不充分的竞争和产业效率的低下,说明了适时放松市场准入条件的必要性。理论上,允许民营出版企业进入市场可引入更多的竞争,从而提高产业的效率。据英国和美国经济学家的估算,在一些较分散的三位数、四位数(国民经济产业分类标准代码)产业中,企业数每增加1%,可能给企业带来0.3%的增长率。这是因为,新企业的加入能够刺激市场中创新的产生和扩散,面对新企业的加入,在位企业往往会采取积极的应对措施。为了与享有市场声望和资源禀赋的在位企业竞争,新进入市场的企业必然要引进更高的效率,从而对整个市场产生"鲶鱼效应",促进产业整体效率的提升。

仅从提高出版产业效率的角度而言,我国出版市场由完全的政府垄断型最终过渡到一般的完全竞争市场型是最理想的结果,也符合一般产业的发展逻辑。但鉴于改革的渐进性以及当前出版市场的管理水平，出版市场最可能发生的阶段性变化是，从当前完全的政府垄断型转变为国有企业主导的垄断竞争型及国有企业主导的市场竞争型。国有企业主导的垄断竞争型市场的主要特征是，政府对市场有较大力度的控制，例如出版市场仍以国有出版企业为主体，民营出版企业进入出版市场虽有政府上的许可，但会受到较为严格的审批，如在注册资金、已运营年限、员工资质等方面有较为严格的准入条件。国有企业主导的市场竞争型市场的主要特征是，主导企业不具有市场力量，即在位企业不具有控制市场的明显优势，市场的竞争规则因而能够发挥重要作用，但不能充分发挥优胜劣汰的作用，因为在这个市场中，还可以存在效率很低、亏损严重的国有企业。上述阶段性转变既是当下出版业在政府和市场之间寻找到的最佳平衡点，也是从实质上解决民营出版企业真正进入出版市场难题的现实举措。

在此之后，随着我国政治体制改革的逐步深入及国有出版企业比重的不断下降，出版市场进一步向一般完全竞争市场型的转变也是有可能的：在这个市场上，不存在能够影响价格和利润的垄断力量，利润平均化，市场进入与退出无障碍，优胜劣汰的竞争规则能够充分发挥作用。只有不满足市场需求的出版企业被自然淘汰，出版资源才能向更有竞争力的出版企业集聚。发展到此阶段，国内出版市场的竞争程度就基本接近欧美等先进出版市场了。

第 5 章 出版行政管理制度的创新

出版体制改革是在政府领导下有秩序分步骤地进行的。具体就出版单位转企改制而言,要不要转、哪些单位转、如何转是由国家权力中心最后定夺的,是自上而下的强制性制度变迁。随着"后改制"时代的到来,出版制度变迁转向强制性制度变迁和诱致性制度变迁相融合的阶段。在我国出版业的改革过程中,不仅强制性制度变迁必须通过政府强制实施,诱致性变迁也需要政府因势利导、放松约束才能够完成。在因势利导、放松约束的过程中,政府需要不断地进行制度创新。第三章至第四章由问题推导得出的产权改革思路和市场完善措施要求对现存的出版行政管理制度,如主办主管制度、审批制度,进行相应的改革。

第一节 主办主管制度的改革

一、主办主管制度的由来

我国出版单位的主办主管制度经历了由行政规定到法规确认的形成过程。新中国成立初期,旧有出版单位的改制和新出版单位的设置,都规定了由谁所办所管,主要表现为出版社的双重领导机构形式(见表5.1)。通常,主要领导机构负责出版社方针任务、重要稿件审查、人事、财务以及有关业务方面的领导,出版总署负责企业管理、纸张调拨、印刷技术等出版业务方面的领导。由此奠定了基本的管办模式,并逐步形成了中央各部委所办所管、地方新闻出版部门及其他有关部门所办所管、各大学及其上级教育部门所办所管、各重要科研单位及其上级科研机构所办所管、全国性人民团体所办所管、中国人民解放军所办所管等几大类管办系统。[①]客观地说,作为我国出版行政管理制度的重要内容,这一初始制度安排不仅是确保意识形态安全的重大政策,也与我国当时由经济和文化水平所决定的出版能力相适应。

[①] 宋木文:《出版单位主办主管制度由来与调整的探索》,《中国出版》2003年第9期。

表 5.1　20 世纪 50 年代初期部分国家级出版社的双重领导机构

	领导机构	
	主	辅
人民出版社	出版总署(直属)	
人民美术出版社	文化部	出版总署
人民卫生出版社	中央卫生部	出版总署
民族出版社	中央民族事务委员会	出版总署
法律出版社	中国政治法律学会	文化部出版事业管理局*
机械工业出版社	一机部	出版总署
外文出版社	中共中央宣传部(负责业务方针)	出版总署(负责行政)
人民体育出版社	国家体委	出版总署

* 出版总署于 1954 年 11 月 30 日撤销,由文化部设置出版事业管理局领导全国出版行政工作。

20 世纪 90 年代,主办主管制度在有关的出版行政法规中得到正式确认。1993 年,原新闻出版总署发布《关于出版单位的主办单位和主管单位职责的暂行规定》(下文简称《暂行规定》),对主办主管单位的定位做出了具体解释,即主办单位是指出版单位的上级领导部门,主管单位是指出版单位创办时的申请者。例如,大学出版社的主办单位是其所属的高校,主管单位则为国家教育部或当地教育行政部门。此外,《暂行规定》还明确列出了出版单位与其主办主管单位之间相互的关系以及主办主管单位所负的职责。1997 年,国务院颁布《出版管理条例》,规定出版单位在设立时必须有"符合国务院出版行政部门认定的主办单位及其必要的上级主管机关"。至此,主办主管制度被我国最高行政部门的出版法规确认下来。

二、主办主管制度的当前弊端

主办主管制度的有关规范是在计划经济条件下形成的,针对的是事业单位或者事业单位企业化管理的法人实体。随着出版体制改革的不断深化,这一管理制度已经明显不适应出版产业的发展实际。宋木文认为:长期以来,主管单位与出版单位之间已经形成了"互相帮助"的关系,对于某些出版单位,主管单位是个赖以生存甚至可以获取某种特殊利益的"婆婆",而对相关的部门来说,出版单位则成为一个开展工作的阵地。[①] 可以说,旨在加强管理责任的主办主管制度已经在一定程度上与弱化乃至脱离部门所有的改革趋向相矛盾,特别是在以下两个方面阻碍了出版企业的转型过程。

其一,行政权力过多地介入企业经营。《暂行规定》明确说明:"主管单位、主办单位与出版单位之间必须是领导与被领导的关系",同时规定了主办单位的7项职责及主管单位的6项职责。根据上述规定,主办主管单位对所属出版单位负有出版导向管理和资产管理的双重责任。主办、主管单位的具体出版导向管理责任基本相同,主要有:审核出版单位的重要宣传、报道或选题计划,审核批准重要稿件的出版或发表;决定或有权决定所属出版单位的出版物的发行或不发行;对出版单位在出版物内容方面发生的严重错误和其他重大问题,承担领导责任等等。主办、主管单位的资

---

① 宋木文:《出版单位主办主管制度由来与调整的探索》,《中国出版》2003 年第 9 期。

产管理责任存在较大不同,其中主办单位要承担较重的资产管理责任,主要有:遵循国家有关规定和责、权、利相统一的原则,保证出版单位的经营自主权,但应对出版单位各项经营活动切实担负监督职责;监督出版单位严格执行国家财政、税收和国有资产管理的法律、法规、定期进行审计,确保出版单位财产的保值、增值;出版单位为实现社会效益目标而形成政策性亏损,主办单位应当给予相应的补贴或者其他方式的补偿。主管单位的具体资产管理责任主要是:扶持、协助主办单位为出版单位提供或筹措资金、购置设备;与主办单位共同负责出版单位或出版物停办后的资产清算、人员安置和其他善后工作。

由于被出版行政法规赋予了严格的出版导向管理和资产管理的双重职责,主办主管单位介入企业经营是完全合理的,否则一旦出版单位出了问题,主办主管单位也难辞其咎。政治和资产管理责任长期交织在一起,就在主管单位和出版单位之间形成了一种默契的利益共存关系。这种利益关系削弱了出版企业的市场主体地位,也是当前党企不分、政企不分的根源之一。例如,地方出版集团的国有资产已经授权给地方政府资产管理部门,但地方政府出版行政管理部门还会随意干涉企业的经营,导致政企不分;一些中央和地方党委宣传部门还经营着书报刊社,导致党企不分。由利益形成的政企不分、党企不分问题使得出版企业跨地区、跨行业的兼并重组异常艰难,严重阻碍了出版企业的发展。欧美出版传媒集团之间的兼并重组完全以市场为导向,以资本为纽带,以企业的长期价值最大化为目标,不存在其他非经济因素的干涉,因此运作起来就相对简单。近几年,世界级出版企业的"强强联合"案例频现,在经济规模和行业影响力上进一步加大了我国出版传媒企业追赶的距离。

其二,影响公司治理结构的完善。在公司制改造的过程中,主办主管制度与出版企业建立公司治理结构的要求产生了越来越明显的冲突,其中尤以出版集团遇到的问题最具代表性。魏玉山曾对此问题进行过较深入的分析。在出版集团的建设过程中,出版行政管理机关、出版集团有限责任公司、上市股份有限公司及上市公司中的出版企业之间形成了一个逐层递进的层级结构。原有的主办主管制度只涉及一个层级的管理,与现在出版集团管理组织的构建不相适应。例如,出版集团公司与国有资产管理部门之间是明确的出版企业和出资人的关系。出资人应该对企业管理到哪个层面呢?按照《中华人民共和国企业国有资产法》,国有资产管理部门作为出版集团公司的出资人,有任免出版集团公司董事长、副董事长、董事、经理层和其他高级管理人员的权利,但这与我们的出版行政管理制度有矛盾。根据《暂行规定》,出版单位负责人的任免由主办单位提出建议并最后报主管单位批准。例如,地方出版集团公司及其二级上市公司的主要领导人由地方宣传部门来任命,国有资产管理部门通常没有任命出版企业负责人的权利。再如,随着出版体制改革的深入,地方出版社的主办主管责任一般转给各地出版集团,即使集团成立了出版股份有限公司,出版单位的主管单位和主办单位仍然是出版集团公司。2011年3月颁布的《出版管理条例》第49条规定：出版单位的主办单位及其主管机关对所属出版单位出版活动负有直接管理责任。因此，出版集团与出版社之间的关系，不是简单的母子公司之间的关系，还有主办主管单位与出版单位之间的关系。对于已经进入上市公司的出版单位来说，就要受到集团公司和上市公司的双重管理，这会导致推诿责任和争夺利益的现象。而且，在地方出版集团公司作为主办主管单位的情况下，进入股份有限公司的出版社的相关管理人员也应该由出版集团公司来任免，这就等于"越权"剥夺了股份有限公司的相应权利。从目前的实践来看，股份有限公司只拥有对下属出版企业管理人员的提名权，其最终决定权掌握在出版集团公司手中。[①] 在现行主办主管制度下，出版集团的公司治理结构存在着制度性的缺陷。

三、主办主管制度的改革措施

综上所述，曾发挥过历史作用的主办主管制度不仅是导致当下严重部门保护主义、地区保护主义的根源，而且限制了出版企业的市场活力，影响了出版企业的公司制改造。为了适应出版业改革和发展的新要求，应该秉着政企分开、管办分离的改革原则，对主办主管制度进行相应改革。改革方案仍然可以采取两分的方

[①] 魏玉山：《出版集团的若干问题研究》，《编辑学刊》2012年第3期。

法,即分别对面向社会的和面向市场的出版企业进行程度不同的改革探索。

对于面向社会的、要保持国有制的出版企业,可以继续适用经过必要修改和调整的主办主管制度,修改和调整的内容只需涉及主办主管单位的定位、职责和相互关系。魏玉山从完善主办主管制度和加强国有资产管理的综合角度出发,提出"主办主管单位既要有管人管事管资产的权力,又要有管导向的能力"。[①] 在党政机关不宜再担任出版企业的主管部门的改革趋势下,也为了减少出版企业的"婆婆",由国有资产授权经营的大型文化企业或出版传媒企业承担出版社的主办主管责任是较为理想的方案。例如,2009年中华工商联合出版社被吉林出版集团重组后,主办单位变为吉林出版集团,主管单位仍然是中华全国工商业联合会。这不仅与"主管单位是出版单位的主办单位的上级主管部门"的规定有冲突,而且主管单位中华全国工商业联合会与主办单位吉林出版集团之间实际上也很难建立起共同管理的职责关系。在新的方案下,中华工商联合出版社的主管责任就应该由中华全国工商业联合会转移至吉林出版集团,实现"责、权、利"的真正统一。

对于面向市场、向非国有控股混合所有制发展的出版企业,主办主管制度已没有存在的理由和必要了。首先,主办主管权是政府权利,只能用于国有资本的相关管理,不能延及非国有资本的管

---

① 魏玉山:《出版单位主管主办制度的历史发展和现实思考》,《编辑学刊》2013年第4期。

理,否则就容易造成对私有产权的侵害。其次,主办主管单位主要承担对出版单位的出版导向管理和资产管理的责任,而在有法可依的市场环境中,市场主体有能力独自承担这两种责任,不需要另外的部门领导和监督。在出版导向管理方面,出版企业需遵守相关国家法律和出版法规,如若违规由法律制裁;在资产管理方面,出版企业可以通过完善的公司治理独立处理好公司所有的资产问题。面向市场的出版企业不再有看管的"婆婆",才能转变成"自主经营、自负盈亏"的市场主体,跨媒介、跨行业、跨地区的兼并重组也才会真正实现市场化。

第二节 审批制度的改革

一、审批制度存在的问题

行政审批是政府管制系统里的重要制度安排,是授权政府干预经济的制度。在计划经济体制下,我国政府拥有着巨大的审批权。其主要功能是保证政府计划或目标得到顺利实施或实现,而非出于对市场失灵的必要干预。我国是目前少数几个在出版业实行审批制的国家之一。我国审批制度原型始于1953年[①],是政府

---

① 出版总署1953年1月16日颁布的《报社、杂志社、出版社的创业和停刊必须报告我署批准》中规定:"今后报纸、杂志、出版社的创业和停业,必须报请我署批准或由我署转请政务院文化教育委员会批准。"

管理出版业的重要手段,其实质是政府掌握着设立出版社的绝对权力。如果说主办主管制度是对民营出版力量的限制,那么审批制则将本可以由国有出版企业把握的市场机会也转移给了政府。为了创办出版社、开办新期刊,许多单位要费尽心思,托人找关系,容易滋生寻租腐败现象。从出版市场自发运行的角度来看,审批制最主要的弊端是阻断了出版企业和市场信号的直接联系。这意味着,在民营出版企业不可以进入的出版领域,国有出版企业依据市场信号自由选择的权利也被限制。基于市场信号失灵的问题,由审批制管控的市场不是真正意义上的出版市场。只有对审批制度进行改革,市场机制才能发挥应有的作用。

根据《出版管理条例》的相关规定,出版单位不仅要有主办主管单位,满足其他设立条件,也要符合国家关于出版单位总量、结构、布局的规划。也就是说,出版单位的开办许可没有明确的统一标准,全凭政府的计划。例如,对于中央部委,一般是按照每个中央直属单位一家的原则批准设立出版社(较大的部委不止一家出版社),目前部委出版社有150家左右;对于公立大学,近2 000所大学配置了约100家出版社。1988年,我国出版社的总数超过500家;2000年,出版社数量达到565家;2011年,出版社的数量为580家。由于政府对出版单位实行极为严格的准入审批,多年来,全国出版社数量的增幅不大。与市场的容量相比,现有的出版企业数量不利于提高产业的发展速度。有研究者曾于2003年做过这样的计算:以2000年图书出版业的纯销售额376亿元为基点,假设年平均增长速度为7.2%、10%、15%,那么2010年我国图书出版业的纯销售额为应为752亿元、975亿元和1 521亿元。若要实现上述增长目标,未来出版社的净进入率不能低于5%、7%和10%,相对应的出版社数量则为920家、1 111家和1 465家。[①] 根据《2010年新闻出版产业分析报告(摘要)》,2010年我国图书出版业的营业收入[②]为537.9亿元[③]。据此计算,2000年至2010图书出版业营业收入的年增长速度约为3.76%,远远低于7.2%的增长率。这一结果可能是多种原因造成的,但是出版企业数量较少可能是重要因素之一。反观欧美地区出版强国,它们的产业集中度虽然很高,但出版企业多达上万家,远远高于我国现有出版企业的数量。在美国每年出版的新书中,小型出版社出版的图书能够占到78%。[④] 这些灵活而有特色的小型出版社与体量巨大的出版传媒集团一起奠定了美国图书出版业繁荣的基础。

随着时代的发展,曾发挥过积极历史作用的审批制度,已不适应当前的改革发展形势。出版体制改革以来,众多出版集团由于业务发展需要,纷纷在异地建立子公司,汇聚各类人才、作者、信息及内容资源,以便为集团跨越发展赢得更为广阔的市场机遇和盈

---

① 贺剑锋:《想说发展不容易——出版业跨越式发展的指标体系研究》,《出版广角》2003年第12期。
② 营业收入比纯销售额高,说明2010年图书出版的纯销售额不足537.9亿元。因此,虽然2000年和2010年所用的统计口径不同,但更有助于结论的推导。
③ 《2010年新闻出版产业分析报告(摘要)》,http://news.china.com.cn/rollnews/2011-07/22/content_9101197.htm。
④ 魏明革:《美国图书出版业繁荣的三大成因》,《出版发行研究》2013年第7期。

利空间。例如,安徽时代出版股份有限公司斥巨资于2012年1月正式成立北京时代华文书局有限公司。成立以来,公司积极争取各类出版资源,快速开拓渠道和市场。截至2012年12月,公司共推出新书500余种,总资产翻了一番,达7 000万元。[①] 但由于没有出版资质许可,这些子公司还必须依靠出版集团的书号资源,发展受到一定的限制。直到2013年5月,该公司才获得国家新闻出版广电总局批准颁发的"中华人民共和国图书出版许可证",拥有了独立的出版权。

二、审批制度的改革措施

为了应对出版业发展的新变化,提高产业的发展速度,出版行政管理部门有必要对计划经济体制下的审批制度进行改革。根据出版管理水平,审批制改革可以分为两个阶段:第一阶段采用以"先照后证"为主要特征的增量改革方案,对现有的审批制度进行优化,第二阶段实施用登记制取代审批制的存量改革,对该制度的核心内容进行彻底变革。

以"先照后证"为主要特征的审批方式主要有以下两点内容:第一,实现审批许可的规范化和透明化。也就是说,审批许可机关要明确开办出版单位的具体标准,其中要包括关于总量、结构和布局的说明和解释。只有以规范和透明的方式实施行政许可,才有

[①] 辛文:《首个跨地区出版资质花落时代华文书局》,《中国图书商报》2013年5月21日。

助于减少行政权力"寻租",更好地发挥事前监督管理的作用。第二,实施"先照后证"的审批方式。所谓"先照后证",是指要开办出版企业的机构先取得工商营业执照,再由出版管理部门按照已颁布的标准和程序进行审批。首先,出版企业在成立之初要依照《公司法》要求建立规范的公司治理结构,取得工商营业执照。这样,新成立的出版企业就可省去繁琐的公司制改造程序。其次,出版企业在取得出版许可证之前要有一个试运营期,例如半年。如果公司在试运营期内满足了一定的条件,可以由行政管理机关颁发出版许可证;否则要根据一定的制度设计进行相关处理。前面所述的时代华文书局就是"先照后证"审批方式的实例。当然,这还只是限制在国有出版企业、特别是国有出版集团的国有制架构内的审批案例。如果我国出版企业的改革能够继续向混合所有制方向深化,那么无论是国有制还是非国有控股的混合所有制出版企业原则上都可以通过"先照后证"的行政许可方式,获得正式的出版权。

当出版市场的法治化水平和出版行政管理部门的行业管理能力提高到相应程度,可用登记制取代审批制。不可否认,这一举措将是具有里程碑意义的出版制度变革,会受到政治、经济和文化制度方方面面改革的影响。因其非比寻常的重要意义,这里只能对其变迁方向做一简单的展望。相对于审批制而言,登记制是较为宽松的出版管理制度,出版社的创办者在具备规定的设立条件后,向有关机关登记注册,即可在法律许可的范围内从事出版发行活动。登记制出现于 18 世纪以后,目前西方大部分国家如英国、法国、美国等国开办出版社都实行登记制,我国晚清和民国时期的出版业采用的也是登记制。审批制可以保证出版管理的权威和秩序,但剥夺了企业自由选择的权利,限制了市场竞争。与之相对,登记制弱化了政府管理出版的权力,为出版企业提供了较充分的市场竞争氛围,因而更利于激发文化生产力。只要坚持发挥市场在配置出版资源的决定性作用,只要我们期待一个思想充分涌流的文化中国,"逆市场"的审批制终将会被"顺市场"的登记制所取代。

第 6 章 出版管理理念的调整

如第一章所述,当前大力发展出版产业,推动出版单位转企改制,并不是简单或盲目地追求"出版GDP",而是为了使国家在全球化竞争中赢得优势所采取的现代主流文化生产方式。归根结底,经济是手段,文化是目的,我们所有的努力都应以"文化强国"为最终目标和归宿。第二章至第四章主要侧重经济学层面的探讨,并自然地过渡到第五章出版行政管理制度的创新,但并没有更深入地研究制度背后的意识形态根源。本章将对出版企业的转型问题引入文化层面的分析,也对前五章没有深究的内容给予回应。

第一节 思想繁荣与出版做强

一、内容的思想性是出版做强的重要因素

内容是出版的基础，不夸张地说，一部好的作品可以迅速成就一个出版企业，甚至能够极大地提升一国在世界上的文化影响力。2012年，我国著名作家莫言获得诺贝尔文学奖后，拥有其全部作品版权的精典博维公司瞬间成为行业焦点。公司不仅获得了可观的经济回报，而且立刻进入了企业的加速发展期。有学者认为，莫言获得诺奖对中国文化国际影响力的提升并不亚于我国出版业多年"走出去"所取得的成果。

出版企业做强不仅需要规范的企业制度和完善的市场机制等制度层面的保证，更依赖于其主要生产资料——内容的品质，否则再具有专业精神和理想主义的出版人也会陷入"巧妇难为无米之炊"的困境。20世纪90年代中期以来，一些目光敏锐的出版社大量引进国外优秀图书的版权，创造了许多市场神话，不仅为我国的改革开放注入了崭新的思想动力，也获得了可观的经济收益。近几年，在外版书引进速度开始放缓及本土高品质作品缺乏的双重影响下，国内图书市场开始陷入"内容荒"，图书首印数逐年走低。当下，除了数字技术所带来的冲击之外，许多传统出版企业由于优秀原创内容的不足而陷入增长乏力的局面。在互联网时代，传统

出版企业不仅要进行技术升级、拥抱数字出版,更要紧紧抓住内容这一安身立命之本,否则,经济数据再漂亮也难掩文化上的缺陷。

建设文化强国、出版强国,关键在于有一批出版强企。它们的"强"不只表现在经济规模上,更主要地体现于出版物的思想性,因为只有具有深刻思想内涵的出版物才能够真正产生文化竞争力和影响力。然而,无论是从国内市场还是国际市场来看,我国出版企业普遍存在着内容平淡和竞争力不强的问题。在国内市场上,近年来新书品种越来越多,但"非文化"或"去文化"的现象也十分突出,如畅销书榜上充斥的大多是娱乐类、养生类图书。在国际市场上,我国出版在大众出版、专业出版和教育出版三大领域,都缺乏有较强竞争力的产品。各国畅销书排行榜上难觅中国版权图书的身影;能够吸引世界学人目光的思想巨著几乎没有;科技出版物的水平也普遍不高。出版的最根本使命是"启蒙大众、追求进步",其次才是"愉悦大众、引导消费"。只靠养生保健、心灵鸡汤等浅内容图书,我们成不了出版强国,只有多出版有思想性、有文化底蕴的精品图书,我们才有可能实现从出版大国到出版强国的质变。

二、思想繁荣有助于提升内容的思想性

在中华民族五千年的文明发展史上,有过两次真正意义上的思想繁荣:第一次在春秋战国之交,第二次在20世纪初至20世纪20年代末。春秋战国之交,社会动荡不安,各诸侯国的国君为了在争斗中取得霸主地位,竞相招贤纳士,形成了不同学派及不同流派

争芳斗艳的"百家争鸣"局面。儒家、墨家、道家、法家、阴阳家、杂家、名家、纵横家、兵家等"诸子百家"在思想领域进行了充分的学术争论,春秋战国时期也因此成为我国古代哲学发展的一个重要阶段。老子、孔子、孟子、庄子、荀子、墨子、韩非子、孙子等名家的思想在两千多年的社会历史长河中一直是国人开启智慧之门的钥匙。第二次思想繁荣时期的中国,正处于封建社会解体并酝酿向新的社会形态转变的时期。梁启超、王国维、陈独秀、胡适、鲁迅等大家的思想通过出版物得到广泛传播,为中华文明向现代进步奠定了比较坚实的思想基础。费正清曾对1912年中华民国临时政府成立至1928年南京政府统一全国这段时间的思想文化发展做出过如下评价:

> 军阀们所制造的国家混乱和不统一局面,却为思想多样化和对传统的攻击提供了绝好的机遇,使之盛极一时。……1921年中国共产党的成立和1924年国民党的改组,在相当大程度上可以归因于这一时期的思想繁荣。因此,在1912年—1928年时期,一方面,是军阀时代使20世纪中国的政治团结和国家的实力达于低点;另一方面,这些年也是中国思想活跃和文学成就的高峰,作为对军阀一定程度的反应,在这个动乱与血腥的时代,却涌现出导致中国的重新统一,恢复青春的思想和社会运动。①

---

① 〔美〕费正清编:《剑桥中华民国史 1912—1949年(上卷)》,杨品泉等译,中国社会科学出版社1994年版,第314页。

从这两次思想繁荣对社会文化的影响中，可以基本得出思想繁荣与社会文化发展之间的正相关关系，而这种关系正是通过有思想性的出版物的广泛传播而建立的。也就是说，思想繁荣的社会在自发地涌现各种先进理念的同时，也自然地提高了出版物的思想性，并借助出版传之久远的特性影响广大民众，促进社会进步。目前，我国虽已成为出版大国，但距离出版强国仍有一段长路。当前我国出版业的不足具体表现为原创内容的不足和内容的平庸，以至于被戏谑为"文化产业无文化，内容产业无内容"。面对选题重复、创新乏力的出版市场，出版人和学者们之间常有口舌之争。学者们指责出版人缺乏文化品位没有能力多出好书，出版人则反诘学者们心浮气躁未将全部心力用于创作。2005 年，我国著名科学家钱学森曾发此感慨："这么多年培养的学生，还没有哪一个的学术成就，能够跟民国时期培养的大师相比"，并提出了著名的"钱学森之问"——"为什么我们的学校总是培养不出杰出的人才？"类似地，我们出版人是否也可以扪心自问一下："有着六十多年发展历史的新中国出版社，有没有哪一个的出版成就，能够跟民国时期的商务相提并论？"虽然"钱学森之问"是教育界的艰深问题，但却为我们的自问提供了一个合理的解释：没有大师，没有大师思想，如何有凝聚大师思想的作品？没有凝聚大师思想的作品，出版强企的大厦如何崛起？

第二节　出版自由与思想繁荣

一、出版自由理论及其实践

出版自由是现代文明社会的重要价值观之一,其主要理论渊源是英国近现代表达自由思想体系。其中,约翰·弥尔顿(John Milton)、詹姆斯·密尔(James Mill)和约翰·斯图亚特·密尔(John Stuart Mill,也译为穆勒)等人对出版自由理论做出了重要的理论贡献。1644年,约翰·弥尔顿发表了《论出版自由》(AREOPAGITICA, *A Speech for The Liberty of Unlicensed Printing*),对英国书报检查制度的性质和根据进行了批判。弥尔顿深受奥古斯丁自由意志论的影响,认为出版必须是人类与生俱来的自由,是宗教自由和公民自由的前提,而出版检查制度则抹杀了这种自由,是对人性和尊严的漠视。只要人们能够自由表达自己的思想,真实、正确的思想就会战胜虚假的和错误的思想。虽然后者可能取得一时的胜利,但真实的意见通过吸引新的力量来维护自己,会通过自我修正过程最后战胜其他意见而保存下来。从弥尔顿的这种思想出发,形成了现代关于"观点的公开市场"以及"自我修正过程"的概念。

约翰·斯图亚特·密尔被公认为英国言论自由的集大成者,其对出版自由的理论思考主要体现于其1895年出版的《论自由》

(*On Liberty*)一书。在此书的第二章"思想言论自由"部分,密尔继续丰富和发展了弥尔顿的言论自由观,主张"少数者权利"和"言论的自由市场"。此外,他还深入分析了出版自由对于社会进步的重要价值。首先,出版自由有助于为社会培养思想家。"一个敢于自己思考的人,经过应有的研究和准备,虽所得的结果为错,对比那些不敢自己思考的人只知持守的正确意见,其对于增进真理的贡献还要多些。"这些对智识世界的进步有着重要意义的思想家,需要在出版自由的环境中跟随自己的理性写作,而不是刻意让自己的结论符合那些貌似约定俗成的惯例。其次,思想自由有助于提升普通民众的精神高度。密尔指出,在普遍的精神奴役氛围中,"从未也绝不会产生出智力活跃的民族……只有公开的论辩涉及的都是足以点燃人们激情的重大主题,才会在根本上激发人的心灵,且激发出来的动力足以提升智力最一般者进至作为能够思想的人类的高贵之境。"[①]

综上所述,出版自由理论的基本要点是:世界上不存在先验的真理与谬误,真理只有在与谬误的不断较量中,才能获得永久的生命力。与此同时,谬误的意见和做法经过充分讨论后会逐步屈从于事实与论证。真理与谬误的激烈交锋,会不断推动社会进步,并逐渐提升人类幸福的程度。这是出版自由理论被真心接受为人类信仰之一的原因所在。在具体的践行过程中,人们应保持以下两

[①] 〔英〕约翰·穆勒:《论自由》,孟凡礼译,广西师范大学出版社2011年版,第37页。

条准则的平衡:第一,只要个人行为仅关一己利害而与他人无干,个人就无须对社会负责;第二,对于其他任何有损他人利益的行为,个人应对社会负责。1811年,詹姆斯·密尔发表《论出版自由》(Liberty of the Press),对弥尔顿未能涉及的出版侵害问题进行了阐述。他将出版侵害分为关于个人的和关于政府的两类,并将出版自由置于公共领域和私人领域两个范畴加以考察。针对侵害问题,詹姆斯·密尔主张建立法律框架对出版自由加以规范。詹姆斯·密尔关于出版自由的法律思考为欧洲和美国的宪政传统奠定了理论基石。[①]

建立在自由主义基本理念和传统基础上的英国近现代表达自由理论,深刻影响了出版自由理念和实践在欧洲和美国的发展。其主要实践主张是,为了发展民主政体,要成立不受国家监控的独立的出版机构。在这样的政体中,多种意见可以发表,统治者的活动可以受到检查、批评甚至制止。在欧美国家民主政治的进程中,出版自由也确实从一种思想理念逐步发展为实实在在的权利。1695年,英国废除了1662年制定的《许可证法》,在一定程度上清除了英国出版自由发展道路上的障碍。在1789年法国《人权和公民权宣言》和1791年美国《宪法第一修正案》中,出版自由得到确定无疑的承认和保护。尤其是美国《宪法第一修正案》的正式生效奠定了出版自由的宪政地位。在"国会不得制定剥夺人民言论自由

---

① 吴小坤:《近代英国表达自由思想的形成研究》,上海大学2010年博士学位论文,第170页。

或出版自由的有关法律"的明确条文下,美国出版业成为唯一受该国宪法保护的私营经济形式。马克思本人虽然没有到过美国,但却对美国的出版自由给予了极高的评价:"可以在北美找到新闻出版自由的最纯粹、最合乎事物本性的自然现象"[①]。出版自由先后被写进包括我国在内的许多国家的宪法性文件,这些事实充分昭示了出版自由价值观的普遍性意义。

二、出版自由是思想繁荣的必要前提

从人类历史来看,思想的繁荣和兴盛没有其他规律可循,皆是出版自由达到某种程度的自然结果。前述的我国两次思想繁荣虽然不是统治者的有意为之,但都在客观上具有思想自由或出版自由的社会条件。春秋战国之交,各诸侯国林立纷争的社会形势为百家争鸣创造了一个宽松的学术氛围。虽然当时还没有出版的概念,更没有出版自由理论,但思想交流和碰撞拥有较自由的社会环境。再如,晚清及民国各出版法中都规定了严格的出版范围和严厉的处罚条款,但时局的动荡不安在一定程度上弱化了政府的思想管制力量,导致许多查禁书刊、封闭报馆的政令都无法得到有力的贯彻,出版企业因而在客观上拥有了相对自由的文化氛围,出版了许多能够发展和提升民众心智、推动社会转型的思想力作。新中国的重要指导思想——马克思主义的诞生也与出版自由紧密相

---

① 《马克思恩格斯全集》,人民出版社1956年版,第678—679页。

关。马克思与恩格斯因从事革命活动而遭到普鲁士封建当局的迫害而被迫流亡国外,他们能够比较自由地发表政治主张的国家主要是出版自由的发源地英国和实行民主制的瑞士。在英国期间,马克思完成了他的最重要著作——《资本论》(第一卷),并于1867年在德国汉堡出版。有学者认为,民主国家的出版自由,是马克思主义产生之后得以迅速传播的一个重要条件。[①]

相反,在出版不自由的国家和时代,思想的创作者和传播者都会受到不同程度的影响。首先,出版不自由会直接压抑作者的创作激情。作者写作的首要义务是要跟随自己的理性,否则就一定不会成为伟大的作者。但是在人类社会的发展史上,因为作者跟随自己的理性而遭受处罚的例子不胜枚举,例如在斯大林时代的苏联,数百名作家因为想"写真实"而被逮捕或被杀害。俄罗斯作家索尔仁尼琴的新旧作品一律被禁止出版,帕斯捷尔纳克的长篇小说《日瓦戈医生》不准在苏联发表。此后,很少有作家敢冒着杀头的危险"写真实"了。在出版审查严厉的国家,一些作者为了能够成功躲过出版审查,必须对作品内容巧妙地做出某种迫不得已的调整,即"通过窄化他们的思想和兴趣,以便能在原则范围之内不致犯险地说出"[②]他们所认为的真理。匈牙利著名思想家雅诺什·科尔奈(Jnos Korni)在20世纪70年代准备出版后来奠定其国

[①] 展江:《马克思主义新闻自由观再探》,《中国青年政治学院学报》2000年第1期。
[②] 〔英〕约翰·穆勒:《论自由》,孟凡礼译,广西师范大学出版社2011年版,第36页。

际学术地位的力作《短缺经济学》[①]一书前,为确保该书能够在匈牙利或其他社会主义国家合法出版,不得不进行自我审查。为此,科尔奈刻意回避了三个"有关社会主义制度"的敏感话题,纵使这些话题在理解社会主义制度方面发挥着根本性的作用。科尔奈在"揭示事实"和"保持沉默"之间做出了最恰当的调整:在导论中指出书中刻意回避的问题,并将图书最后一章的推导留给了读者。[②]

其次,出版不自由会禁锢出版企业正常的出版活动。出版企业在市场的激烈竞争中有时会出于经济考量而放弃文化追求,有时也会由于人类认知的不完善而对作品做出错误的出版取舍,但其文化传播功能的失调主要还是由不充分的出版自由导致的。"维持国家靠笔而非刺刀"的现代政府致力于通过国家舆论和国家机器来引导、规范文化的走向。当国家权力滥用至限制文化正常发展的程度时,一股不正常的文化风气就会弥漫整个社会,不仅作者的创作激情会受到打压,出版企业对作品的价值判断也会出现偏差。改革开放以来,我国的言论出版环境越来越趋向宽松、自由,但是某些压抑思想的现象在出版业还屡有出现。例如,年内加印七次,并且陆续收获"《新周刊》年度图书奖"等美名的《重新发现社会》一书就曾遭遇"枪毙"的命运。书稿在2009年初写就后,作者先后投给了两家出版社,但都没有出成。如果说选题不符合第一

---

① 该书于1980年正式出版,其对集中计划经济及其变体"市场社会主义"所做的深刻分析,引起了世界经济学的震动,也为我国改革的推进提供了重要的思想养分。
② 〔匈〕雅诺什·科尔奈:《思想的力量——智识之旅的非常规自传》,安佳、张涵译,上海人民出版社2013年版,第247页。

家出版社的计划还能理解,那么这本书在第二家出版社的夭折则令人唏嘘。在所有的编辑流程都走完后,此书却由于作者(熊培云)笔下的"反右"与已有定论的"反右"相悖而引起出版社老总的担心,不得已在印厂中途流产。作者的另一部书稿《思想国》也是命运多舛。在作者不断对图书内容做减法的情况下,此书才在中国各地出版社的几年周游之后最终在北京出版。遗憾的是,作者的经典文章《错过胡适一百年》却未能收入书中。[①] 更令人担忧的是,这不只是行业内的个别现象。在调研过程中,笔者曾就此事件访问过一些出版社的负责人。他们坦言,如果他们当时接到《思想国》《重新发现社会》这样的书稿,恐怕也不敢贸然出版。这些出版现实都说明,我国一些出版企业在传播文化创新,特别是新思想方面,还存在着一定程度上畏手畏脚的情况。

在出版自由度有限的社会里,作者可能会因为创作自由的缺乏,无法或不敢写出有思想深度的作品,出版企业也就没有好的内容可供选择、加工和传播;即使学者写出有思想性的书稿,出版企业又可能因为较为严格的内容审查机制,不愿出版与主流意识形态不大吻合的作品。这两种情况都会对思想繁荣和文化繁荣产生阻碍。要去除套在作者和出版企业身上的精神紧衣,需要逐步提高我国的出版自由度,为创作者和传播者营造出一个更加宽松的、鼓励思想创作和传播的环境。

---

① 熊培云:《自由在高处》,新星出版社2011年版,第294—295页。

第三节 对调整出版管理理念的思考

诺斯认为,制度由正式的规则、非正式约束(行为规范、惯例和自我限定的行事准则)以及它们的实施特征三个部分构成。在制度变迁过程中,非正式约束在制度的渐进演化方面会起到重要作用。如果占支配地位的非正式约束与社会进步的方向不一致,它将阻碍正式规则发挥积极作用。当前出版企业的转型是在一个存续较长且变化较缓慢的非正式规制环境下进行的,因此要解决的更复杂的问题在于非正式约束的变革,其中居于主导地位的是出版管理理念,它不仅是决定出版企业产权改革和出版市场开放的制度根源,而且与能否实现出版的文化目标紧密相关。

一、我国出版管理理念的基本原则及其问题

我国出版管理理念主要有两个基本原则:一是出版是党、政府和人民的喉舌;二是所有出版社必须"国有国办"。支撑这两个基本原则的意识形态根源是,党和政府代表了最广大人民的利益,党对出版的管理就是人民对出版的管理。出版体制改革以来,出版的文化功能、经济功能被更多地谈及,出版资源的配置也在计划之外添加了市场手段。

虽然朝向市场化的改革在不断深入,但由于上述两个基本原

则没有任何调整和变化,因此出现了一些与文化和经济发展规律不相符的出版现象。如一些与主流意识形态有些冲突的图书不准出版或者出版后被要求下架。另外,虽然从表面上看,我们出版了一些具有反思或解构意味的图书,但是这些图书仅局限于专家学者圈内,对其公开的推荐和宣传是不能随便展开的,需要宣传部门的同意。在经济方面,出版单位转企改制后,虽然政府原则上不再直接介入出版社的具体经营过程,但是国有企业的产权改革还没有突破国有资本绝对控股的底线。如第三章所析,国有制企业内在地具有"政企不分"的特征,因此,全部由国有制出版企业构成的出版产业无法拥有真正意义上的市场主体。

另外,这两个基本原则也导致我国在出版自由"抽象肯定、具体否定"上的矛盾。我国宪法第35条明确规定:中华人民共和国公民有言论、出版、集会、结社、游行、示威的自由。然而,当前我国公民享有的出版自由还是不够充分,具体表现在公民个人还没有兴办出版社的自由。我国曾在20世纪80年代中后期和90年代初,起草过《出版法》草案。出版法是直接涉及公民政治权利的重要法律,必须在条文中对出版自由做出符合宪法的明确界定。但经过多方考虑,决定现阶段不开公民个人办出版社的口子。因此,我国迟迟未能出台《出版法》。由于公民个人不能开办出版社,宪法所确定的出版自由还无法得到实践环节的完全承认。

二、调整出版管理理念的基本思路

(一)来自外部的借鉴

一个国家的出版管理理念,不仅仅是由该国选择的经济体制决定的,在更大程度上是与其政治体制相吻合的。更明确地说,它反映了该国对出版自由的接受程度、实现水平和保障能力。其实,在奉行自由主义的国家,出版自由也不是绝对、无限的,而是相对、有限的,只能在其理想与现实允许其存在的范围内存在,这一点在密尔等的著作中都有所论述。在现实中,有些国家更接近出版自由理论的理想模式,有些国家则与理想模式距离较远。相对而言,接近出版自由理想模式的国家,文化创新能力较强,出版产业也相对发达。

随着社会的发展,传统出版自由理论遇到了来自两个方面的威胁:一是国家试图限制信息流通和思想交往的做法普遍地、真实地存在;二是商业传媒企业毫无约束地增长,导致传媒资源的日益集中化。一些西方学者认为,应该超越传统出版自由理论,为传媒产业的当代发展构建最合适的体制架构,其中以英国学者约翰·B. 汤普森(John B. Thompson)提出的"有管理的多元主义原则"最具代表性。此原则要求两项具体的措施——传媒产业资源的分散化、传媒机构与政权的运作——相隔离。这个原则界定了一个宽广的体制空间,这个空间的一边是市场力量不受约束的活动,另一边是传媒组织受国家的直接控制。在这个被划分为公共领域、私人领域和中间组织领域的空间内,各种不同的所有制形式都可以大力发展。其中,私人领域包括一大批在市场经济中运作的、首先以赢利为目的私有经济组织。公共领域包括国有经济组织,诸如国有公用文化事业以及一大批国家与准国家文化组织。在公、私领域之间有一些兴旺发展的中间组织,这些组织既非国有也不完全处于私人领域之内,它们就法律地位而言是非国家的私人机构,但在法律上与活动运作上有别于首先为私人业主赢利而建立的组织。[1]

基于传统自由理论有限价值而提出的"有管理的多元主义原则",实际上是要建立一种保证当代大众传媒组织介于市场与国家之间的体制架构,从而保护思想的多元性不被国家政治权力和资本意志所削弱。这个原则给中国出版业提供了某种有意义的参考。

(二)来自内部的思考

如前所述,目前我国公民享有的出版自由还是不充分的,这主要有以下两个历史原因。一、中国几千年以来的文化传统以伦理为中心,重义务而轻自由,自由理念在中国的出现较近代西方晚了

---

[1] 〔英〕约翰·B.汤普森:《意识形态与现代文化》,高铦译,译林出版社2012年版,第259—273页。

几个世纪。而且,即便在今天的中国,我们对自由的认识也还停留在较浅的层面。二、中国的专制社会历时很长,政治和社会领域较少有民间表达的空间。虽然大约8世纪的时候,中国就出现了世界上最早按期发行的报纸,但它只是统治者维护其统治权力的工具,而非人民自由表达的媒介。人们习惯以官方观点为自己的意见。当下,转型中的中国应该以有别于传统的态度去全面地认识出版自由。马克思主义经典作家同样接受"出版自由是人类其他一切自由的基础"的观点。马克思就曾指出,"没有出版自由,其他一切自由都是泡影"[①],并认为出版业"作为一种由头脑来实现的行业,应当比那些由手脚起主要作用的行业有更多的自由"[②]。以马克思主义为重要指导思想的当代中国,也应随着社会的不断发展和进步,在出版管理理念中体现出版自由的基本精神。

借鉴"有管理的多元主义原则",我国的出版管理理念可考虑从一元向多元转变。具体来说,就是由"国有国办"的集中转向国家、民营和中间三种出版力量的分散。在政府通过适当的法律和经济手段对行业进行必要干预的基础上,合理划分不同的出版领域:国有资本掌控的出版企业主要完成政策宣传、社会文化服务及某些经济任务;非公有出版企业在统一开放的市场中、在法律的约束下展开充分竞争;非营利性出版组织从事不以赢利为目的的出

---

① 中共中央宣传部出版局编:《马克思恩格斯关于出版问题的言论》,中国展望出版社1986年版,第153页。
② 同上。

版活动。在此种多元化的管理理念下,出版的喉舌功能、经济功能和文化功能就有了更明确的承担主体。出版管理理念由一元向多元调整,也有力地呼应了前文所述的出版企业分类产权改革和对民营资本开放市场的改革方案。

在实践上体现宪法层面的出版自由,必须有法律的严格保障。西方国家把政府权力视为言论出版自由的大敌,认为政府不应当对出版实施任何限制。美国《宪法第一修正案》更是明确宣布,国会不得制定剥夺人们言论和出版自由的法律。美国虽然对此没有颁布专门的新闻出版法,但是美国有关言论和出版自由的许多判例都充分尊重了《宪法第一修正案》的精神。我国宪法的第35条也给予了出版自由明确的认定。改革开放以来,我国出版行政机关制定并发布了大量出版法律、行政法规、部门规章和通知等,建立了比较完善的出版法律体系,对我国出版业的健康发展起到了极大的推动作用。但不可否认的是,这些出版法律、行政法规、部门规章和通知之间存在着一些不相协调之处,而且制定之时没有充分考虑宪法的基本精神,因此有些规定明显与宪法保障的出版自由的基本权利不一致。因此,我国应该尽快制定和发布与宪法精神相一致的出版法律。只有惩罚依法做到公开、透明,才能既保障出版自由权利的充分行使,又防止对出版自由的任意滥用。有了这样一部法律,违法的出版活动就可以通过具体的法律进行追责,对政府和出版从业者无疑都是一件好事。

当前,我国正处于构建现代民主政治、发展市场经济、建设文化中国的进程中，它客观上要求出版管理理念向着更开放、更宽松的方向转变，其起点和归宿都指向"为人"，这与我党的治国理念是统一的。建设出版强国，发展出版产业，亟须围绕"文化立人"的目标，在"国家"和"人本"理念之间找到一个理想的平衡点。中国的政治制度是在"以人为本"的基础上，对多种利益成分、多种社会力量、多种文化表达的混合和均衡。2003年中共十六届三中全会提出了"以人为本"的改革理念，2004年3月第十届全国人民代表大会又将"国家尊重和保障人权"写入了宪法。只有当文化不被片面地看作悬浮在空中的意识形态，而是以大量满足人类文化需求的优秀作品来呈现时，我国的文化事业才会更快发展、更加繁荣。

结　论

经过转企改制的洗礼，出版业已经进入了所谓的"后改制"时代。然而，转企改制并没有让出版社在企业制度建设和发展方式上发生脱胎换骨的变化，已经翻牌为公司的出版企业仍然处于从传统企业向现代企业的深刻转型期。因此，"后改制"时代不是前改革时代的简单延续，而是它的有序深化。这意味着后续改革的渐进性和突破性。出版具有经济和文化的双重属性，所以针对出版企业转型问题的研究自然应在经济和文化两个层面展开。

首先，我国出版社应直面经济体制的转变。从计划经济体制转向市场经济体制是出版体制改革的目标。在出版体制转轨过程中，独立的市场主体和完善的市场竞争环境是最关键的两个要素。这两个要素决定了当前出版企业要在组织形式和发展方式上发生根本转变。为此，本书主要得出了两个结论：一、为了实现塑造市场主体的改革目标，应将当前出版企业分为面向社会的和面向市场的两类，并分别进行程度不同的产权改革，面向社会的出版企业在保持国有股控股的基础上进行股份制改造,面向市场的出版企业则可以突破国有资本绝对控股的底线,向非国有控股的混合所有制方向发展;二、为了将出版企业的发展方式从主要依靠行政垄断转向依靠充分的市场竞争,政府要勇于通过各种手段打破目前的行业壁垒、地区壁垒和所有制壁垒。这两方面的改革客观上要求创新传统出版行政管理制度,以满足出版企业转型对新制度的需求。

作为文化生产者,出版企业仅仅有经济层面的转型是不全面的。从遵循文化发展规律的角度出发,我国出版企业的转型在某种程度上还意味着从宣传工具向文化创新工具的转型。为此,应将出版企业的文化功能从意识形态功能中分离出来。具体来讲,就是对坚持出版喉舌功能和国有国办的出版管理理念进行必要的调整,赋予其更多体现出版自由精神的内容。至此,从经济视角出发得到的结论与从文化视角出发得出的结论殊途同归,因为由产权改革和市场完善所倒逼的出版行政管理制度创新最终也必然指向其意识形态根源——出版管理理念的调整。

上述内容是笔者对当前出版企业转型问题的主要思考,可能有些结论会引起争论和质疑,如混合所有制形式能否实现完善的公司治理? 目前,其他领域混合所有制的改革实践还未能对此问题给出明确的答案。另外,本书还存在一些不完善之处,主要有以下三点:一、没有给出将出版企业划分为面向社会的和面向市场的标准,因而这部分研究内容在整体性上略有不足;二、获取出版企业的真实数据难度较大,导致研究在数据分析方面有所欠缺;三、关于思想繁荣和出版自由的问题,本书只是点到为止,更深入的论述未能充分展开。

最后,笔者想谈一点感悟:出版企业由传统向现代的转型不会一蹴而就,文化强国的建设更非一朝一夕之功。在这一注定较长的过程中,出版人应有所担当,有所坚守。

参考文献

1. 白让让:《边缘性进入与二元管制放松》,上海三联书店、上海人民出版社 2006 年版。
2. 蔡翔、陆颖:《我们出版的方向——深化出版体制改革问题研究》,中国传媒大学出版社 2014 年版。
3. 蔡翔、陆颖、尹世昌:《理想和市场之间——出版单位转企改制后社会责任研究》,中国传媒大学出版社 2013 年版。
4. 陈昕:《中国图书出版产业增长方式转变研究》,广西师范大学出版社 2008 年版。
5. 陈钊编著:《信息与激励经济学》,上海三联书店、上海人民出版社 2005 年版。
6. 《出版工作文件选编(1949—1957)》,文化部出版事业管理局办公室 1982 年版。
7. 〔美〕罗纳德·哈里·科斯:《企业、市场与法律》,盛洪、陈郁译校,上海人民出版社 2009 年版。
8. 樊纲:《现代三大经济理论体系的比较与综合》,上海三联书店、上海人民出版社 2006 年版。

9. 费方域:《企业的产权分析》,上海格致出版社、上海人民出版社2009年版。

10. 费孝通:《文化与文化自觉》,群言出版社2010年版。

11. 〔美〕费正清编:《剑桥中华民国史 1912—1949 年(上卷)》,杨品泉等译,中国社会科学出版社1994年版。

12. 〔美〕劳伦斯·E.哈里森:《自由主义的核心真理》,严春松译,吉林出版集团有限责任公司2010年版。

13. 〔美〕亨利·汉斯曼:《企业所有权论》,于静译,中国政法大学出版社2001年版。

14. 郝振省:《出版业转制的逻辑推演》,《出版发行研究》2004年第6期。

15. 〔美〕塞缪尔·亨廷顿、劳伦斯·哈里森主编:《文化的重要作用》,程克雄译,新华出版社2010年版。

16. 胡惠林、单世联:《文化产业学概论》,书海出版社2006年版。

17. 胡誉耀:《我国出版集团公司治理研究》,武汉大学2010年博士学位论文。

18. 〔美〕迈克尔·詹森:《企业理论——治理、剩余索取权和组织形式》,童英译,上海财经大学出版社2008年版。

19. 〔美〕伊斯雷尔·柯兹纳:《竞争与企业家精神》,刘业进译,浙江大学出版社2013年版。

20. 〔匈〕雅诺什·科尔奈:《思想的力量——智识之旅的非常规自传》,安佳、张涵译,上海人民出版社2013年版。

21. 李长春:《文化强国之路(上)》,人民出版社 2013 年版。

22. 李长春:《文化强国之路(下)》,人民出版社 2013 年版。

23. 李频:《1978 年以来中国省域出版体制变迁研究——以北京出版社为例》,中国传媒大学 2009 年博士学位论文。

24. 李蕈:《我国出版企业深化改革的困境、原因分析及路径选择》,中国传媒大学 2012 年硕士学位论文。

25. 李维安、陈小洪、袁庆宏编著:《中国公司治理转型与完善之路》,机械工业出版社 2013 年版。

26. 刘少杰:《当代中国意识形态变迁》,中央编译出版社 2012 年版。

27. 刘小玄:《中国转轨过程中的产权和市场——关于市场、产权、行为和绩效的分析》,上海三联书店、上海人民出版社 2003 年版。

28.〔美〕曼昆:《经济学原理——微观经济学分册》,梁小民、梁砾译,北京大学出版社 2009 年版。

39.〔法〕弗雷德里克·马特尔:《论美国的文化:在本土与全球之间双向运行的文化体制》,周莽译,商务印书馆 2013 年版。

30.〔英〕詹姆斯·密尔:《论出版自由》,吴小坤译,上海交通大学出版社 2008 年版。

31.〔英〕约翰·穆勒:《论自由》,孟凡礼译,广西师范大学出版社 2011 年版。

32.〔英〕弥尔顿:《论出版自由》,吴之椿译,商务印书馆 1987 年版。

33.〔美〕道格拉斯·C. 诺斯:《制度、制度变迁与经济绩效》,杭行译,韦森译审,格致出版社、上海人民出版社 2008 年版。

34. 〔英〕伊迪丝·彭罗斯:《企业成长理论》,赵晓译,上海人民出版社 2007 年版。

35. 戚福康:《中国古代书坊研究》,商务印书馆 2007 年版。

36. 钱颖一:《企业理论》,《经济社会体制比较》1994 年第 4 期。

37. 〔美〕保罗·萨缪尔森、威廉·诺德豪斯:《经济学》,萧琛等译,华夏出版社 2005 年版。

38. 宋木文:《出版单位主办主管制度由来与调整的探索》,《中国出版》2003 年第 9 期。

39. 宋木文:《亲历出版 30 年——新时期出版纪事与思考(下卷)》,商务印书馆 2007 年版。

40. 〔美〕布里安·P. 辛普森:《市场没有失败》,齐安儒译,中央编译出版社 2012 年版。

41. 〔美〕弗雷德里克·S. 西伯特等:《传媒的四种理论》,戴鑫译,展江校,中国人民大学出版社 2008 年版。

42. 〔英〕约翰·汤姆林森:《全球化与文化》,郭英剑译,南京大学出版社 2002 年版。

43. 〔英〕约翰·汤普森:《意识形态与现代文化》,高铦译,译林出版社 2012 年版。

44. 〔美〕凡勃伦:《企业论》,蔡受百译,商务印书馆 2012 年版。

45. 王晨:《中国出版业的产业竞争与政府规制》,中国书籍出版社 2009 年版。

46. 王关义:《中国出版业改革理论思考与探索》,中国财政经济出版社 2008 年版。

47. 王建辉:《文化的商务》,商务印书馆 2000 年版。

48. 王勇:《我国图书出版产业的市场竞争与创新战略》,经济科学出版社 2011 年版。

49. 王余光、吴永贵:《中国出版通史(8)·民国卷》,中国书籍出版社 2008 年版。

50. 吴敬链:《建立现代企业制度应当解决的几个问题》,《中国工业经济研究》1994 年第 4 期。

51. 吴敬琏、马国川:《中国经济改革二十讲》,生活·读书·新知三联书店 2012 年版。

52. 吴小坤:《近代英国表达自由思想的形成研究》,上海大学 2010 年博士学位论文。

53. 吴雅杰:《中国转型期市场失灵与政府干预》,知识产权出版社 2011 年版。

54. 杨瑞龙:《我们想让国有企业扮演什么角色》,《经济界》1994 年第 4 期。

55. 俞吾金:《意识形态论》,人民出版社 2009 年版。

56. 展江:《马克思主义新闻自由观再探》,《中国青年政治学院学报》2000 年第 1 期。

57. 张其友、李桂福主编:《转企改制后大学出版企业发展研究》,北京师范大学出版社 2012 年版。

58. 张维迎:《竞争力与企业成长》,北京大学出版社2006年版。

59. 张文魁:《中国国有企业产权改革与公司治理转型》,中国发展出版社2007年版。

60. 张文魁:《中国混合所有制企业的兴起及其公司治理研究》,经济科学出版社2010年版。

61. 张新华:《转型期中国出版业制度分析》,中国传媒大学出版社2010年版。

62. 张元济:《张元济日记(上册)》,河北教育出版社2001年版。

63. 中共中央宣传部出版局编:《马克思恩格斯关于出版问题的言论》,中国展望出版社1986年版。

64. 周百义:《书业行知录》,中国书籍出版社2013年版。

65. 周其仁:《产权改革与制度变迁》,北京大学出版社2004年版。

66. 周蔚华:《出版产业散论》,复旦大学出版社2009年版。

67. John Vicker and George Yarrow, *Privatization: An Economic Analysis*, Massachusetts Institute of Technology, 1997, seventh printing.

图书在版编目(CIP)数据

当前出版企业转型问题研究/陆颖著. —北京:中国传媒大学出版社,2016.12

(中国出版产业发展研究丛书 / 蔡翔总主编)

ISBN 978-7-5657-1604-1

Ⅰ. ①当… Ⅱ. ①陆… Ⅲ. ①出版社—体制改革—研究—中国 Ⅳ. ①G239.22

中国版本图书馆 CIP 数据核字(2016)第 017697 号

当前出版企业转型问题研究

DANGQIAN CHUBAN QIYE ZHUANXING WENTI YANJIU

著 者	陆 颖
责任编辑	赵丽华 唐 颖
封面制作	泰博瑞国际文化传媒
责任印制	曹 辉
出版发行	中国传媒大学出版社
社 址	北京市朝阳区定福庄东街1号 邮编:100024
电 话	86-10-65450528 65450532 传真:65779405
网 址	http://www.cucp.com.cn
经 销	全国新华书店
印 刷	北京艺堂印刷有限公司
开 本	710mm×1000mm 1/16
印 张	12
字 数	122 千字
版 次	2016年12月第1版 2016年12月第1次印刷
书 号	ISBN 978-7-5657-1604-1/G·1604 定 价 42.00元

版权所有 　翻印必究 　印装错误 　负责调换